COMBATTRE L'HUMIDITÉ

ÉTANCHER, RÉPARER, IMPERMÉABILISER, LUTTER CONTRE LA CONDENSATION

Texte :
Guy LOISON

Photos :
Guy LOISON et **S.A.E.P. / Alain THIÉBAUT**

Coordination :
Alain THIÉBAUT

Dessins :
Benoît ROTH et **Nathalie SCHOTT**

ÉDITIONS S.A.E.P.
68040 INGERSHEIM - COLMAR

AVANT-PROPOS

L'humidité dans les logements a toujours constitué un problème pour les occupants. Des générations d'artisans ont œuvré pour trouver des solutions nouvelles, des techniques adaptées pour disposer d'un environnement sain dans nos maisons, et pour longtemps. Ainsi, il est faux de prétendre aux innovations technologiques dans ce domaine. Certes, le problème de l'humidité est aujourd'hui quantifié, analysé, normalisé. Mais les principes, pour leur part, sont connus depuis toujours. Un bon toit, des murs étanches et une aération performante sont les clés pour réussir à repousser l'humidité au dehors, en toutes saisons. Et n'est-ce pas là la définition d'une construction de qualité ?

Dans une première partie, cet ouvrage vous apprendra à définir précisément les origines des désordres que vous constatez. Dans un deuxième temps, un panorama complet des solutions envisageables, et leur mise en œuvre vous est proposé. Enfin, une section complète traite de la ventilation et de l'aération des locaux. Un sujet qui trouve aujourd'hui une nouvelle résonance dans notre monde urbanisé, soumis à d'importantes pollutions.

LE DIAGNOSTIC

Hormis les accidents que constituent les inondations, d'origine météorologique, ou le classique dégât des eaux reconnu par les compagnies d'assurance, l'action de l'eau est souvent insidieuse. Dans la plupart des cas, il faut plusieurs semaines, plusieurs mois, voire plusieurs années avant de constater les premières manifestations d'un problème d'humidité. Les mauvaises odeurs se répandent dans la maison. Le papier peint noircit, se décolle, se mite. La peinture cloque, laisse transparaître des auréoles. L'enduit se boursoufle, s'effrite. Les dégâts constatés sont souvent les mêmes. Reste à connaître les origines. Avant tout, il faut bien connaître la responsable : l'eau.

L'EAU : DES PROPRIÉTÉS ÉTONNANTES

Nous connaissons l'eau sous trois formes, solide, prise en glace, liquide et gazeuse comme la vapeur. À l'exception de certains laboratoires de recherche, il n'existe aucun lieu sur notre planète qui soit totalement dénué d'eau. L'air dans les déserts, les plus chauds comme les plus froids, en comporte malgré tout, sous forme de vapeur ou d'aiguillettes de glace. Prétendre obtenir un air parfaitement sec est donc une aberration.

De ce fait, l'air que nous respirons contient toujours une quantité variable d'eau sous forme de vapeur. Cette quantité est directement liée à la température. Plus l'air est chaud, plus il peut contenir d'eau. Ainsi, l'été, l'air est plus humide que l'hiver. Nous pouvons constater cette notion physiquement. Ceux qui ont déjà voyagé dans les régions tropicales connaissent bien cette sensation qui rend l'air « épais » à la descente de l'avion, un phénomène provoqué par la différence entre l'atmosphère climatisée de l'appareil et la saturation en humidité qui règne dans l'environnement de ces régions. En métropole, ne dit-on pas qu'il fait « lourd » à l'approche de l'orage ? À l'inverse, c'est en hiver que nous subissons crevasses et lèvres gercées, des conséquences à relier à un air trop sec.

Une autre particularité intéressante de l'eau est qu'elle défie les lois de la pesanteur. Lors de son cycle, de la mer à la pluie en passant par les nuages, elle change sans cesse de forme, liquide, vapeur ou solide (neige, grêle) et d'altitude. Un yoyo incessant qui a permis à la vie de voir le jour et de se développer.

En conclusion, la lutte contre l'humidité est affaire d'équilibre. Pour bien comprendre, il suffit d'imaginer le logement comme un bateau étanche : il ne doit pas laisser entrer d'eau, par la coque (les fondations, les murs) ou le pont (le toit), tout en assurant le meilleur équilibre possible entre l'air extérieur et intérieur.

LES CAUSES EXTÉRIEURES

Les causes extérieures sont toutes provoquées par l'eau sous sa forme liquide, mais il ne s'agit pas uniquement de la pluie.

LES INFILTRATIONS PAR LE TOIT

Les infiltrations par le toit sont les plus connues et concernent tous les types de couverture.

Tuiles et ardoises

— La première cause d'infiltrations sous une toiture composite (tuiles, ardoises, lauzes, bardage, etc.) est un mauvais calcul de pente. Si celle-ci n'est pas suffisante, l'eau ne s'écoule pas seulement de haut en bas mais s'insinue sous le recouvrement. Il s'agit alors d'un désordre structurel qui ne peut être corrigé que par la reprise de la charpente dans son ensemble. Cette intervention lourde n'entre pas dans le cadre de cet ouvrage. Notez toutefois que ce problème peut survenir dans un bâtiment ancien, lorsque la charpente s'affaisse sous le poids de la couverture.

— Plus courant, le déplacement ou la casse d'un élément de la couverture provoque une infiltration directe de la pluie. Le vent de tempête en est généralement la cause. Sa puissance provoque une dépression entre l'air extérieur et le volume intérieur du comble qui a pour conséquence de soulever les tuiles, de les déplacer, voire de les arracher. La casse peut être causée par le gel ou la chute d'éléments indépendants, comme la souche de la cheminée ou une branche d'arbre. Il est donc toujours prudent de procéder à une inspection visuelle de l'état de la couverture après une tempête particulièrement violente.

Sécurité

Attention, ne vous hasardez jamais sur votre toit tant que le vent souffle. La force du vent est telle que votre intervention est vouée à l'échec et vous risquez votre vie.

Note

Dans un comble perdu, laissant apparaître l'envers de la couverture, il est facile de déterminer l'origine d'une fuite. Il suffit de remonter l'écoulement le long des éléments de charpente. Pour repérer le désordre lorsque vous serez à l'extérieur, glissez une languette de carton ou une baguette de bois au travers du recouvrement entre deux rangées, à l'emplacement de la fuite.

En revanche, dans le cas d'une isolation thermique du toit sous rampants, ce diagnostic est pratiquement impossible. En effet, les taches, écoulements ou auréoles qui apparaissent sur le parement intérieur du comble aménagé sont la résultante d'un cheminement de l'eau le long de la charpente, du film d'étanchéité (lorsqu'il existe) et au sein de l'isolant. L'origine réelle de la fuite peut être localisée à plusieurs mètres du lieu d'apparition du désordre. Seuls moyens pour la localiser : la dépose de l'isolant ou une inspection très minutieuse depuis l'extérieur.

Pour résoudre ce problème, il suffit de replacer les éléments de couverture ou de les remplacer à l'identique (voir page 19).

— Les mousses et les lichens sont un problème courant que subissent nombre de couvertures, en tuile, ardoise ou fibreciment. Dans un premier temps, les radicelles de ces plantes parasites s'insinuent dans les microanfractuosités du matériau, s'y accrochent et se développent.

Les microfissures s'agrandissent et permettent le passage de l'eau. Le matériau perd sont étanchéité. L'eau traverse la couverture et apparaît sous forme de taches diffuses. Et dès le premier gel, la glace occupant plus d'espace que l'eau liquide, la tuile éclate. L'infiltration est alors directe. Dans ce cas, il vaut mieux prévenir que guérir. L'intervention consiste donc à éliminer très régulièrement les dépôts de mousses, à appliquer un produit qui retardera leur retour puis à appliquer un produit imperméabilisant pour rendre au matériau son étanchéité (voir page 21).

Raccordements, souches et noues

Une couverture est rarement homogène. Elle présente plusieurs versants, des raccordements d'angle (noues), des ruptures de pente (lucarnes, appentis). De plus, elle est traversée par des conduits, de cheminée et de ventilation ou percée d'ouvertures (fenêtres de toit, châssis).

Pour être étanches, toutes ces liaisons reçoivent un traitement particulier. Cette étanchéité, selon la nature de la couverture et la date de réalisation, est obtenue à partir d'un boudin de mortier bâtard (ciment et chaux), de bavettes, en zinc ou en plomb, voire de bandes ou de profilés doublés d'un revêtement élastomère, du bitume par exemple.

Ces différentes liaisons subissent de nombreuses sollicitations et principalement de fortes contraintes mécaniques entre la couverture, la charpente et les éléments du bâtiment, au vent, et aux variations de température. Fissures ou décollements sont donc fréquents et cela se traduit par des infiltrations directes. L'intervention consiste à remplacer à l'identique l'étanchéité en cause ou à colmater la fuite (voir page 15).

1.

2.

1. Cheminée avec son solin d'étanchéité.

2. Noue.

Toitures-terrasses

Il existe de nombreux types de toiture-terrasse. Elles se caractérisent toutes par une très faible pente. Selon les cas, l'étanchéité est assurée par un enduit ciment, un revêtement bitumeux ou une bâche synthétique élastomère (du PVC en général). Cette étanchéité peut être apparente, protégée sous une couche de feutre et du granulat ou encore placée sous l'isolant, dans le cas d'une toiture inversée. Du fait de la faible pente, l'apparition des désordres au plafond des pièces placées en dessous peut être décalée de plusieurs mètres par rapport à l'infiltration réelle. Les taches occupent généralement une grande surface parfois le plafond dans son ensemble. Des écoulements peuvent se produire au niveau des fissures.

1\. 

1. Déchirure du revêtement bitumeux sur une toiture-terrasse.

 2.

2. Dégâts au plafond et au mur engendrés par l'infiltration d'eau.

Repérer l'origine de l'infiltration est toute la difficulté que constitue ce type de toiture. L'eau ayant tendance à stagner, il suffit en effet d'une très fine déchirure ou d'une microfissure pour lui permettre de s'infiltrer. L'intervention consiste alors à traiter la couverture dans son ensemble. L'étanchéité est d'abord entièrement dégagée puis un revêtement imperméabilisant épais est appliqué (voir page 24).

Un problème fréquent des systèmes d'étanchéité moderne en membrane se situe au niveau des joints avec les conduits et les acrotères. Exposées aux intempéries et au soleil, ces sections peuvent se déchirer. Elles sont alors réparées au moyen de bandes bitumineuses (voir page 23).

Note

Dans le cas d'une isolation inversée, il est parfois possible de refaire une nouvelle étanchéité par le dessus, sans dépose de l'isolant. Demandez l'avis d'un professionnel.

LES INFILTRATIONS PAR LES MURS

Du haut vers le bas, c'est le trajet classique d'une infiltration. Mais dans le cas des murs, le sens peut être horizontal voire du bas vers le haut !

Les fissures

Le sol sur lequel est construit un bâtiment n'est jamais stable. Il réagit en fonction de l'activité sismique, de la pente éventuelle, de la pression de l'eau (nappe phréatique, alternance pluie/sécheresse), de la température (gel/dégel), de la masse du bâtiment lui-même, de la végétation (racines,...), de l'activité humaine (mines, galeries, trafic routier,...), etc. La liste est loin d'être exhaustive. À cela, il faut ajouter l'action du vent et les lois de la pesanteur. Bref, les sollicitations que subit un bâtiment rendent l'apparition de fissures parfaitement inéluctables. Mais si certaines sont anodines, d'autres sont dangereuses et doivent être surveillées de près car elles concernent la stabilité même du bâtiment.

— Les fissures les plus courantes ne concernent que l'enduit. Il s'agit par exemple du faïençage qui dessine un maillage de microfissures à la surface de l'enduit.

1.

D'autres, un peu plus larges, se développent sans suivre de lignes précises et peuvent se ramifier, à la manière d'un cours d'eau et de ses affluents. Ces manifestations sont généralement bénignes. Dans les deux cas, un ravalement soigné remet en valeur la façade. Vérifiez toutefois que l'adhérence de l'enduit n'est pas atteinte en procédant à des sondages locaux à l'aide d'un maillet.

2.

1. Support faïencé.

2. Fissure sur un mur d'appui, causée par des mouvements du sol.

Si les coups rendent un son creux, l'enduit est décollé. Il doit être piqué au marteau et au burin. Cela fait, il vous sera facile de vérifier si la fissure ne concerne que l'enduit ou si elle se prolonge dans toute l'épaisseur du mur. Lorsqu'il ne s'agit que d'un problème d'enduit, refaites-le à l'identique. Notez toutefois que ces fissures de surface affectent peu la maçonnerie en général et sont rarement à l'origine d'infiltrations.

Note

Sur un mur exposé aux vents dominants, l'eau de pluie s'infiltre par des fissures de 3/10 de millimètre seulement.

Sondage effectué avec un maillet le long d'une fissure pour vérifier l'adhérence de l'enduit.

Vous trouverez aux Éditions S.A.E.P. dans la même collection un ouvrage entièrement consacré à la façade, « Peindre ou repeindre sa façade » (diagnostic, réparations, peinture et crépi).

— En revanche, lorsque la fissure concerne toute l'épaisseur d'un mur, il en va tout autrement. Ces désordres suivent généralement des lignes droites, horizontales ou verticales, avec des changements de direction le long de l'appareillage des moellons. La fissure est visible de l'extérieur et se retrouve sur l'enduit intérieur. Deux cas peuvent se présenter selon que la fissure est stabilisée ou ne l'est pas. Pour le savoir, la mise en place d'un témoin est nécessaire (voir encadré page 28). Une fissure stabilisée ou à évolution lente ne présente pas de danger particulier. Vous pouvez la reboucher sans difficulté à l'aide d'un mastic (voir page 26). En revanche, si le témoin signale une évolution rapide, faites appel à un professionnel. En effet, reboucher de telles fissures n'est qu'un pis-aller. Elles apparaîtront de nouveau. Il faut donc traiter leur origine, comme par exemple un affaissement du sol ou une modification des reprises de charges du bâtiment suite à des aménagements. Une expertise est alors indispensable.

Ruissellements, éclaboussures, murs poreux

Les enduits modernes, à base de ciment, ou les revêtements plastiques épais sont imperméables à l'eau. En revanche, les enduits traditionnels, à base de chaux ou d'argile sont de véritables éponges et doivent impérativement être protégés contre les projections d'eau. Toutefois, quelle que soit sa nature, aucun enduit n'est conçu pour supporter le ruissellement permanent provoqué par des gouttières en mauvais état ou les éclaboussures d'un bord de rue passante. L'eau finit par pénétrer et s'infiltrer entre l'enduit et la maçonnerie ce qui conduit inévitablement au décollement du premier. Le réparer localement ne sera pas d'une grande utilité si vous ne corrigez pas la cause.

Vous devez donc maintenir vos gouttières en parfait état (voir page 17). Dans le cas d'éclaboussures, à moins de pouvoir interdire la circulation devant chez vous, le revêtement imperméabilisant est une parade efficace. Il s'agit d'un liquide incolore qui ne modifie pas l'aspect de la façade, mais la rend étanche à l'eau, sans l'empêcher de « respirer ». En effet, une maçonnerie en bon état est toujours en équilibre entre l'air extérieur et l'humidité intérieure du mur afin de permettre à celle-ci de s'évacuer dans de bonnes conditions. C'est pour cette raison que le revêtement d'imperméabilisation utilisé doit être « microporeux » (voir page 25).

Cet imperméabilisant est également valable pour les maçonneries anciennes, appareillées en pierre, souvent humides sans la présence de fissures réellement établies. La maçonnerie n'étant pas homogène, l'humidité s'infiltre facilement par les joints et les pierres elles-mêmes lorsque celles-ci sont poreuse. L'application d'un imperméabilisant permet alors de protéger le mur depuis l'extérieur et donc de l'assainir efficacement. Il permet aussi de retarder l'encrassement de la façade dans un milieu agressif : en ville, les polluants sont colportés par l'humidité, tachent les surfaces en profondeur et peuvent détruire la structure des pierres.

Point d'infiltration entre la maçonnerie et l'huisserie de la fenêtre.

LES INFILTRATIONS PAR LES OUVERTURES

Fenêtres et portes constituent des points d'entrée privilégiés pour la pluie projetée par le vent. Les infiltrations les plus courantes concernent les liaisons entre la maçonnerie et la menuiserie. Les deux éléments ne réagissent pas de la même façon aux contraintes qu'ils subissent. Il est donc normal de constater l'apparition d'espaces entre le cadre dormant d'une fenêtre et le tableau. Ces défauts seront facilement corrigés avec un mastic élastomère (voir page 29).

L'eau peut aussi s'infiltrer par les joints entre les éléments battants et le dormant de la menuiserie. La fenêtre, ou la porte, coincent. Le jeu n'est pas régulier, la pluie en profite. Le problème sera résolu en rectifiant les frottements au rabot puis en posant un joint d'étanchéité, à l'air et à l'eau, comme un boudin de mousse, un joint profilé en V, élastomère ou métallique.

La dernière cause d'infiltration par les ouvertures est le fait d'un défaut de pose. Toutes les menuiseries reposent sur un rejingot, le bord arrière, relevé, de l'appui maçonné. Ce rejingot est destiné à éviter que la pluie ne s'écoule sous la menuiserie ou stagne sous celle-ci et la fasse pourrir. Une fenêtre mal posée repose en plein sur son appui. Les infiltrations sont inévitables.

Dans ce cas, s'agissant d'un désordre de pose, faites jouer la garantie décennale et faites reposer l'ouverture.

LES INFILTRATIONS PAR LE TERRAIN

Le sol et le sous-sol sur lesquels est édifié un bâtiment sont de véritables éponges qui absorbent une très grande partie de l'eau de pluie. Celle-ci rejoint ensuite les nappes phréatiques, les sources puis les cours d'eau, lorsqu'elle n'est pas absorbée par la végétation ou évaporée par le soleil.

Malgré les croyances populaires, l'eau dans le sol forme rarement des lacs et des galeries souterraines. Il faut, pour cela, une structure de sol particulière et des millions d'années d'érosion. Ce type de relief existe localement en France, dans les Causses par exemple. Mais le plus souvent, l'eau est effectivement conservée dans des structures comparables à des éponges. Il s'agit de matériaux poreux, hydrophiles, coincés entre des couches imperméables, en argile par exemple.

De ce fait, lorsque l'eau est abondante, le sol gonfle et, en cas de sécheresse, il s'affaisse. Selon leur disposition et leur emplacement, ces poches prennent le nom de nappe d'eau, phréatique ou aquifère. Lorsque le niveau de la nappe remonte et dépasse le point bas des fondations, l'eau exerce une pression sur la maçonnerie et la traverse par des fissures : la cave est inondée.

Dans les constructions neuves, lorsque la présence d'une nappe est constatée, les fondations sont isolées du terrain environnant par un procédé de cuvelage. Dans de l'ancien, la technique consiste à appliquer un enduit d'étanchéité à l'extérieur des fondations après avoir creusé une fosse (voir pages 30 et 34). Cette imperméabilisation périphérique est complétée par celle de la dalle en sous-sol ou la réalisation de celle-ci lorsqu'elle n'existe pas. Cette technique est valable lorsque les infiltrations sont limitées au simple suintement des murs. Si votre cave est inondée après chaque période de fortes pluies, n'attendez pas de miracle. Prévoyez malgré tout un système de pompage automatique, au débit suffisant pour faire face à la montée des eaux.

LES REMONTÉES CAPILLAIRES

Les remontées capillaires constituent une autre manifestation de la présence d'eau dans le sol. Elles se manifestent par l'existence d'une zone humide, localisée de façon nette au bas des murs, parallèle au plan du terrain, sur une hauteur qui peut atteindre 1,50 m au-dessus de celui-ci.

Il s'agit d'un phénomène physique particulier qu'il est possible d'illustrer avec un morceau de sucre. Il suffit de le poser sur une goutte de café pour constater que ce dernier remonte et se diffuse dans le sucre. Dans un mur, le phénomène est identique. S'il est poreux et en contact avec l'eau, celle-ci remonte par les capillaires, des réseaux minuscules qui font partie de la structure interne du matériau. Plus les capillaires sont fins, plus l'eau remonte. Elle est stoppée par l'évaporation et par la force inverse exercée par la gravité terrestre. Cela explique la limite nette constatée. Le seul moyen d'éviter ces remontées est de réaliser une barrière étanche dans l'épaisseur même du mur. En effet, l'imperméabilisation des parois ne limite pas le phénomène. Au contraire, en réduisant l'évaporation naturelle, il l'amplifie.

Dans le neuf, les remontées capillaires sont stoppées par la mise en place d'une bande de rupture en pied de mur. Dans l'existant, la technique consiste à injecter un imperméabilisant (voir page 31).

LES CAUSES INTÉRIEURES

Une maison étanche aux infiltrations extérieures n'est pas pour autant protégée contre les effets de l'humidité. Son occupation conduit à d'autres désordres.

LA CONDENSATION

La respiration de 4 personnes produit 20 litres d'eau par jour sous forme de vapeur. La préparation d'un repas sur une cuisinière à gaz dégage 400 g de vapeur d'eau à l'heure, une douche chaude, 200 g/h. Par temps froid — et lorsque la ventilation est insuffisante — cette vapeur redevient liquide au contact des surfaces froides : les vitres, les murs extérieurs, les plafonds. C'est la condensation.

La condensation est particulièrement sensible sur les parois vitrées.

Dans son voyage aérien, la vapeur se charge de nombreux polluants. Redevenue sous forme liquide, elle favorise l'apparition des moisissures. Le papier peint, les peintures sont piquetées de taches noires qui s'étendent progressivement. La condensation, comme les infiltrations, provoque aussi le décollement des peintures et l'effritement des enduits (voir page 43).

LES FUITES DE CANALISATION

Les réseaux d'alimentation comme d'évacuation en eau d'un logement peuvent être à l'origine de fuites. Le plus souvent, celles-ci se produisent au niveau des raccords et notamment ceux réalisés sans soudure, par collet battu, joint américain ou olive. Les éléments métalliques ne sont pas en cause. Il s'agit généralement de la détérioration du joint qui assure l'étanchéité. Le remplacement de celui-ci rétablit l'intégrité du réseau (voir page 39).

Les canalisations encastrées posent un problème particulier puisque la localisation de la fuite n'est pas toujours évidente. Des défauts de conception, en plus des problèmes de raccords, peuvent en être l'origine. L'agressivité d'un ciment peut par exemple détruire une canalisation métallique insuffisamment protégée. Les travaux à réaliser sont complexes puisqu'il faut réaliser des sondages, défoncer la dalle, changer les éléments détériorés et tout remettre en ordre. Ces interventions sont relativement exceptionnelles. Il est préférable d'en confier la réalisation à un professionnel. Notez toutefois que le nombre de ce type de désordre pourrait bien augmenter dans les années à venir. Dans le neuf en effet, les réseaux sont de plus en plus souvent noyés sous dalle (plancher chauffant, alimentation en polyéthylène réticulé,...). Aussi, le plus grand soin doit être apporté lors de leur installation.

LES FUITES DE L'ÉQUIPEMENT SANITAIRE

La fuite peut être accidentelle. Le lave-linge ou le lave-vaisselle débordent ou subissent une rupture de joint. L'inondation est immédiate et généralement limitée en volume. Ce type de dégâts est parfaitement pris en charge par les plombiers et les compagnies d'assurance. Il est donc préférable de ne pas intervenir soi-même, mais de vérifier les termes de votre contrat habitation. Vous éviterez ainsi tout risque de litige, le bricolage étant rarement apprécié par les experts. Mais la fuite peut être plus insidieuse.

L'illustration classique est le défaut d'étanchéité du joint de raccordement entre une baignoire, une douche ou un lavabo, avec le mur d'appui. À chaque utilisation, l'eau s'infiltre et détruit progressivement l'enduit. Les carreaux de revêtement tombent. La décoration de la pièce voisine est à refaire. L'intervention, sans être difficile, est alors longue et coûteuse puisqu'il faut déposer les revêtements, laisser sécher la cloison puis refaire les finitions. Durant tout ce temps — plusieurs semaines peuvent être nécessaires — l'équipement demeure inutilisable.

Une inspection régulière vous met à l'abri de ces désagréments. Remplacez les joints traditionnels au ciment par un cordon de mastic. Et remplacez celui-ci régulièrement, tous les 5 à 8 ans environ (voir page 37). À cette occasion, profitez-en pour vérifier l'état des joints du carrelage mural. Ils sont souvent encrassés et parfois se désagrègent. Il suffit alors de les gratter soigneusement à l'aide d'une pointe métallique par exemple puis de refaire une barbotine comme pour une pose en neuf.

Cette intervention rapide prévient le décollement des carreaux et donc la réfection complète de la décoration.

LES PROCÉDÉS ET LES TRAITEMENTS

Il existe une très large gamme de solutions destinées à lutter contre les dégâts provoqués par l'humidité. Le principe général consiste à traiter la cause plutôt que de masquer les effets. Évidente à l'énoncé, cette règle est parfois délicate à appliquer en pratique, notamment en ce qui concerne le traitement des murs humides. Aussi, n'intervenez pas sans être parfaitement sûr d'avoir diagnostiqué la bonne origine. Enfin, choisissez de préférence d'intervenir par l'extérieur ce qui vous garantit de préserver l'intégrité des maçonneries.

COLMATER UNE FUITE DE SOLIN, DE SOUCHE DE CHEMINÉE

Pour réparer une fuite de raccordement, deux solutions sont possibles. La première consiste à tout refaire à neuf, la seconde à se contenter d'appliquer un revêtement imperméabilisant. Choisissez un produit à base de résines acryliques. Il s'applique facilement à la brosse et existe en différentes couleurs ce qui permet de l'accorder avec les coloris de la toiture. Il existe aussi en version incolore.

Pour des fissures fines, utilisez un revêtement semi-épais uniquement composé à base de résines acryliques. Si les fissures sont importantes, de plus de 5/10 de millimètre, choisissez un revêtement renforcé de fibres.

1. 

1. Le support doit être propre, sec et débarrassé des particules non adhérentes. Ici sur une toiture-terrasse, à la base de la souche de cheminée, il faut attendre le séchage complet du support avant d'appliquer le revêtement.

2. 

2. Brassez le produit dans son pot afin de bien l'homogénéiser. Si le support est absorbant (enduit, terre cuite), préparez une première couche diluée à 50 % d'eau. Appliquez le produit à la brosse, en insistant sur les fissures.

3. 

3. Le produit s'applique en deux couches (trois si une sous-couche supplémentaire est nécessaire). Attendez 24 heures avant d'appliquer la seconde. N'hésitez pas à déborder largement de la zone à traiter.

Il est plus épais, un peu plus délicat à appliquer, mais comble facilement les petits défauts. Enfin, pour des fissures larges, supérieures à 1 mm, il est préférable de noyer une bande d'armature en fibre de verre entre les deux couches du revêtement.

Ce type de revêtement étanche s'applique sur une large gamme de supports, inclinés ou non, tuile, ardoise, mortier bâtard, béton, PVC, bitume, fibre-ciment, tôle galvanisée, bois, etc. Vous pouvez l'utiliser sur tous les types de raccordements, faîtage, noue, acrotère, rives, souches, solin, fenêtres de toit. Il peut également être utilisé pour réparer une gouttière (voir pages suivantes).

Travaillez pendant une période de temps sec (séchage en 24 heures environ), sur un support sec et, de préférence, à l'abri du soleil.

Note

Attention, même s'il est universel, un revêtement d'étanchéité acrylique ne fait pas de miracle. Avant l'application sur une souche de cheminée, assurez-vous de la stabilité de celle-ci. Si elle menace de s'effondrer, le revêtement n'y pourra rien. Il faut alors la refaire entièrement.

COLMATER UNE FUITE DE GOUTTIÈRE

Un revêtement d'étanchéité semi-épais à base de résines acryliques est idéal pour réparer une gouttière métallique fendue, en zinc ou en cuivre. Son avantage est de ne créer qu'une surépaisseur limitée qui ne modifie pratiquement pas l'écoulement de l'eau. Une autre solution consiste à utiliser un kit adapté à base de bitume. L'ensemble se compose d'un pot d'émulsion et d'une armature étanche à coller. Le bitume ayant tendance à se ramollir sous l'effet de la chaleur, la pièce est à coller en fond de gouttière et non par en dessous. Cette surépaisseur peut retenir feuilles et débris. Toutefois, c'est la seule solution envisageable si la gouttière est percée d'un trou supérieur à 1 mm de diamètre.

Avant de réparer une gouttière en PVC, vérifiez son état. Cette matière plastique résiste en effet longtemps aux agressions climatiques et est insensible aux agressions chimiques. Mais les différences de température et le rayonnement solaire finissent par la rendre cassante et fragile. Elle se brise alors en éclats comme un pot en terre cuite. L'apparition d'une fuite sur une canalisation en PVC, lorsqu'elle n'est pas le fait d'un mauvais raccord, signale souvent ce type de vieillissement.

1.

1.-2. Travaillez par temps sec. Débarrassez le fond de gouttière des dépôts puis brossez les particules non adhérentes avec une brosse métallique. Si la gouttière présente des trous ou des fissures importantes, utilisez un kit, sinon un revêtement d'étanchéité semi-épais.

2.

3.

4.

3.-4. Le fond de la gouttière doit être parfaitement sec. Appliquez le revêtement à la brosse, en débordant largement de part et d'autre de la fissure, en tirant sur le film pour ne pas créer de surépaisseur. Attendez 24 heures puis appliquez la seconde couche.

Si la fuite se situe au niveau d'un raccord entre deux profilés, vous pouvez aussi utiliser un mastic, silicone de préférence. Déposez un fin cordon de mastic sur le recouvrement puis lissez-le avec le doigt mouillé.

Pour en avoir le cœur net, donnez quelques légers coups avec la pane effilée d'un marteau. Si elle rebondit, pas de problème, vous pouvez réparer. Mais si elle passe à travers... il est grand temps de tout changer !

Une fuite en fond de gouttière est souvent causée par une déformation de celle-ci qui favorise la stagnation de l'eau. Pour vous en assurer, versez lentement le contenu d'un demi-arrosoir. S'il reste des flaques, redressez à la main les crochets de suspente concernés. Procédez par étapes afin de rétablir l'écoulement sans créer de nouvelles stagnations.

Note

Les dépôts et l'eau stagnante sont les pires ennemis des gouttières métalliques. Un entretien régulier, deux fois par an, permet de les éviter; une intervention souvent conseillée consiste à placer une crapaudine (un chapeau métallique) sur la naissance de la descente. C'est une erreur car les feuilles sont alors retenues en fond de gouttière. En revanche, il existe désormais des grilles de protection qui s'adaptent à toutes les gouttières demi-rondes, qui empêchent les débris de coller sans provoquer de débordement en cas de fortes pluies.

REPLACER OU CHANGER DES TUILES

Chaque année, les journaux font état de tempêtes ou de tornades qui soufflent littéralement quantités de toitures. Les dégâts sont souvent considérables et nécessitent une intervention professionnelle. Mais un simple coup de vent violent, à l'occasion d'un orage par exemple, peut suffire à soulever, déplacer ou arracher quelques tuiles. Ces dégâts peuvent être facilement réparés s'ils sont décelés à temps pour éviter les infiltrations dans les combles. Lorsque le grenier n'est pas aménagé, il suffit de contrôler les passages de lumière depuis l'intérieur pour repérer les tuiles déplacées. Si celles-ci sont accessibles facilement au moyen d'un escabeau, les remettre en place sur leur liteau est un jeu d'enfant.

Si la couverture est posée sur un platelage ou si le comble est aménagé, procédez à l'inspection par l'extérieur. La présence d'une fenêtre de toit est alors précieuse. Sinon, éloignez-vous de la maison, de façon à en voir le toit et inspectez celui-

1.

2.

3.

4.

A. Tuile à changer.
1.-2. Sur la rangée au-dessus de la tuile ou des tuiles à changer, repoussez une tuile sur quelques centimètres en soulevant la tuile adjacente.
3.-4. Dégagez la tuile à changer en soulevant sa voisine.

5.

6.

7.

8.

ci avec une paire de jumelles. Faites un croquis sommaire pour repérer l'emplacement des désordres, cela vous sera bien utile lorsque vous serez sur votre toit.

Note

Mieux vaut prévenir que guérir. Si vous habitez dans une région exposée, il existe désormais des crochets à tuiles, des sortes de ressorts qui fixent la tuile par le bas, sur la charpente. Il est ainsi possible de maintenir une couverture existante en intervenant depuis le comble. L'ensemble est invisible et résiste aux vents violents.

5.-6. *Engagez la nouvelle tuile de remplacement. Vérifiez son accroche sur le liteau et son emboîtement par rapport à ses voisines de la même rangée. Prenez garde de ne pas l'abîmer en forçant sur les bossettes d'accrochage situées sous la tuile.*

7. *Remettez en place les tuiles de la rangée supérieure que vous aviez préalablement enfoncées.*

8. *Facilitez l'opération en soulevant la tuile adjacente. Vérifiez les emboîtements de l'ensemble et l'alignement de chaque rangée.*

IMPERMÉABILISER UNE COUVERTURE

Paradoxalement, l'imperméabilisation d'une couverture doit être réalisée sur un support sain. Cela signifie donc qu'il faut d'abord parfaitement nettoyer le toit et notamment le débarrasser des mousses et des lichens. Il faut en outre veiller à remplacer les éléments cassés à l'identique (voir pages précédentes).

Le décapage de la toiture peut être réalisé de deux façons. L'utilisation d'un nettoyeur à haute pression est la plus rapide. Il suffit de procéder du faîte vers l'égoût en réglant le jet en forme de pinceau plat. Progressez en diagonale en prenant bien soin de toujours orienter le jet dans le sens de la pente afin d'éviter tout risque de pénétration de l'eau sous les rangées de tuiles. Prenez garde aussi à vos déplacements sur les surfaces humides (voir encadré page 22).

La seconde technique est plus longue, mais c'est la plus efficace. Elle consiste à détruire les mousses chimiquement. Il s'agit généralement de sels d'ammonium. Le produit est appliqué au pulvérisateur directement sur les parties atteintes. Les dépôts de mousse épais devront être grattés au préalable. Après application, attendez le séchage puis brossez de nouveau, à sec, les derniers dépôts. Ce produit peut être appliqué sur la plupart des revêtements et convient également pour les murs ou la terrasse. Veillez toutefois à protéger la végétation environnante.

1.

2.

1.-2. À l'aide d'une brosse, enlevez les plus gros dépôts de mousse. Poussez-les jusqu'au bas de la couverture et dégagez les gouttières.

Sécurité

Pendant la pulvérisation de produits chimiques, il est impératif de porter des lunettes de sécurité ainsi que des gants en caoutchouc.

L'imperméabilisant en lui-même agit en bouchant les pores du support et en renforçant sa cohésion de surface. S'il repousse l'eau, il reste microporeux. Il doit être appliqué par temps sec, sur une couverture sèche, en évitant toutefois les heures les plus chaudes de la journée. Le pulvérisateur de jardin est le meilleur outil d'application car il permet de recouvrir rapidement une grande surface. L'imperméabilisant est appliqué en un seul passage. Pensez à vous protéger contre les projections. Les outils d'application se nettoient au white-spirit. Attention, ce type d'imperméabilisant ne doit pas être appliqué sur des surfaces bitumineuses. Masquez les surfaces vitrées (fenêtres de toit).

Attention

Intervenir sur un toit est toujours dangereux, quelle que soit sa pente. Si le vide vous impressionne, ne tentez pas l'aventure. Dans tous les cas, entourez-vous du maximum de précautions. Préparez le matériel nécessaire pour éviter de multiplier les allers-retours. Servez-vous, si possible, d'une échelle de toit. Portez des chaussures anti-dérapantes. Déplacez-vous à quatre pattes, en ayant toujours trois appuis en contact avec le support. Cette technique évite les déséquilibres et préserve les tuiles. Enfin, n'intervenez en aucun cas s'il pleut ou si le vent souffle.

3. 

3. *Préparez l'antimousse dans le pulvérisateur. Appliquez le produit en maintenant la buse à 30 cm du support, réglée de façon à diriger un jet en forme de cône. Traitez toute la couverture. Laissez agir le produit. Brossez les dépôts. Nettoyez les gouttières. Renouvelez l'opération si des mousses ont résisté.*

4. *Attendez le séchage complet de la couverture avant d'appliquer l'imperméabilisant. Procédez comme pour l'antimousse, au rouleau ou au pulvérisateur.*

4. 

RÉPARER L'ÉTANCHÉITÉ D'UNE TOITURE-TERRASSE

Lorsque la bâche d'étanchéité d'une toiture-terrasse est fendue, utilisez une bande bitumineuse à soudure à froid. Il s'agit d'une émulsion épaisse et collante fixée au dos d'un revêtement en aluminium ou synthétique. L'avantage de cette technique est d'éviter l'utilisation d'un chalumeau et de pouvoir être facilement mise en œuvre pour ce type de réparation courante. Attention, le support doit être parfaitement propre et surtout rigoureusement sec sinon la bande ne colle pas.

1.

1. Les fournitures nécessaires : une éponge, des gants, une paire de ciseaux, un rouleau dur, une bande de pontage en rouleau.

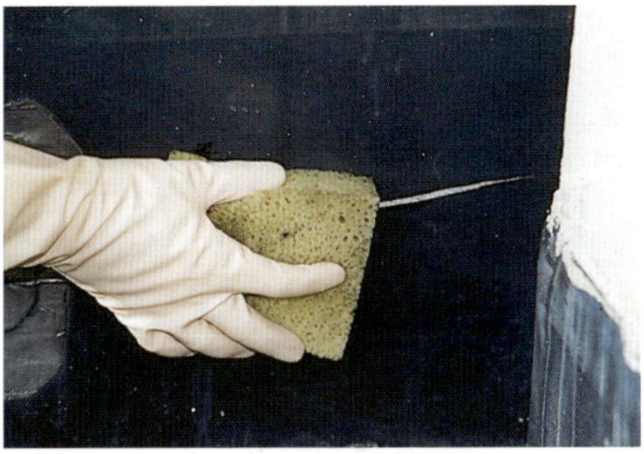

2.

2. Nettoyez avec soin la déchirure à l'eau claire et à l'éponge. Laissez sécher à cœur.

3. Mesurez la longueur de bande nécessaire en la faisant largement déborder.

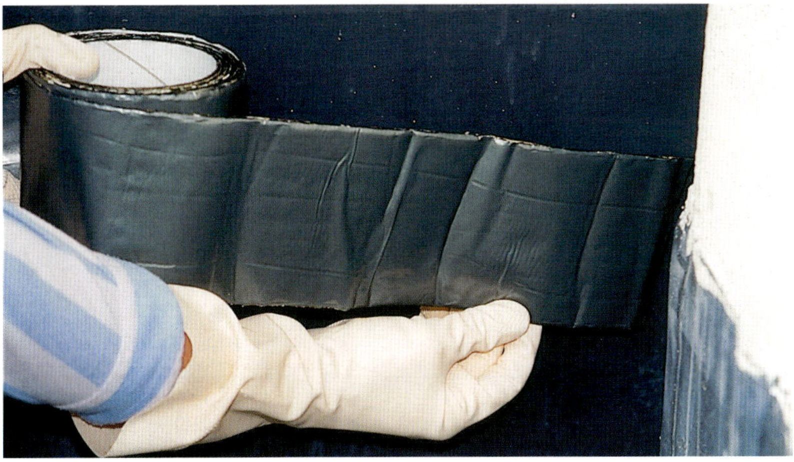

3.

4. 

5. 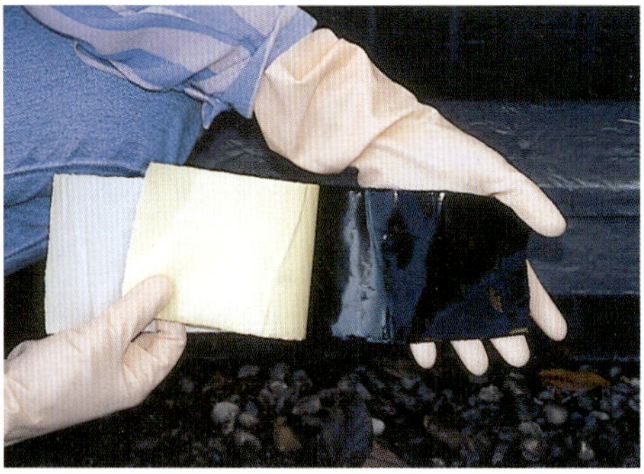

6. 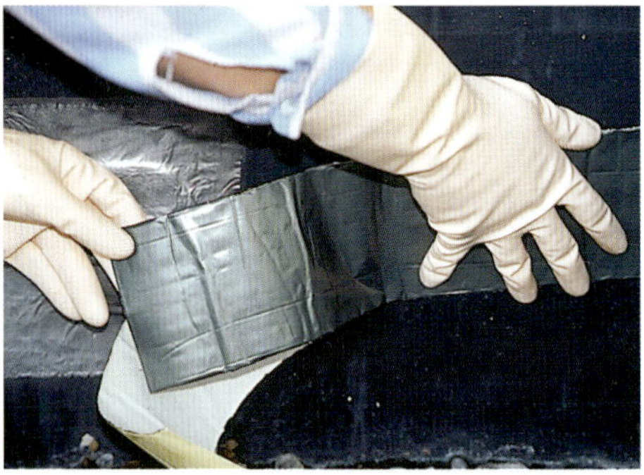

7. 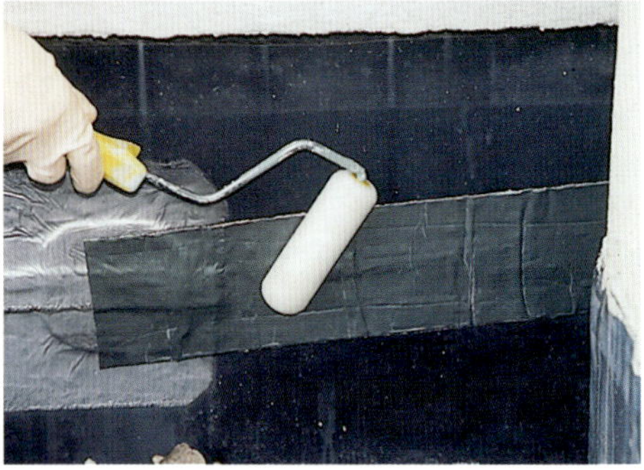

Note

L'IMPERMÉABILISATION EN PLEIN

L'imperméabilisation d'une toiture-terrasse non circulable est une opération longue, fastidieuse, mais sans réelle complication. Commencez par dégager les gravillons de la moitié du toit du côté opposé à la descente. Nettoyez la surface dégagée au jet. Brossez et laissez parfaitement sécher. Appliquez ensuite le revêtement d'étanchéité au rouleau, en couche épaisse. Laissez sécher 24 heures. Appliquez la seconde couche. Traitez ensuite la deuxième partie de la toiture de la même façon. Utilisez de préférence un revêtement d'étanchéité acrylique : les outils se nettoient à l'eau et le produit tache moins que les solutions à base de bitume.

4. *Coupez la bande à la longueur désirée à l'aide d'une paire de ciseaux ou d'un cutter.*

5. *Décollez le support papier à l'envers de la bande en évitant de poser les doigts sur l'émulsion collante.*

6. *Appliquez la bande sur la déchirure en décollant progressivement le papier de protection.*

7. *Collez définitivement la bande en la marouflant à l'aide d'un rouleau dur ou d'une raclette plastique, en insistant particulièrement sur les bords.*

IMPERMÉABILISER LES MURS EXTÉRIEURS

Un imperméabilisant façade est composé de résines silicones en solution. Il se caractérise par un effet mouillant important c'est-à-dire qu'il pénètre en profondeur à l'intérieur du support. Il empêche l'eau de pénétrer tout en laissant libres les échanges gazeux entre l'air et la maçonnerie (caractère microporeux du produit), ce qui permet au mur de réguler naturellement le taux d'humidité interne par évaporation.

Pour que l'application soit efficace, il faut reboucher au préalable toutes les fissures, dépoussiérer et faire tomber tous les débris non adhérents. Nettoyez la façade au nettoyeur haute pression à 40 bars (60 bars au maximum), travaillez de bas en haut. Attendez que la façade soit sèche (24 à 48 heures minimum). Appliquez un antimousse, respectez son temps d'action, 8 à 15 jours d'attente suivant le produit utilisé (voir mode d'emploi du fabricant).

Appliquez l'imperméabilisant sur un support sec.

Le produit étant parfaitement invisible après séchage, il n'est pas obligatoire de traiter la totalité de la

1.

2.

1. Pour dépoussiérer le support et le débarrasser de ses particules pulvérulentes, servez-vous d'un nettoyeur à haute pression. Inclinez le jet de façon à ne pas détremper le mur (pression réglée à 40 bars, 60 au maximum).

2. Appliquez un antimousse en respectant scrupuleusement le mode d'emploi du fabricant (surtout pour le temps d'action optimum du produit).

Note

Pour garantir le caractère microporeux du traitement, il ne faut pas appliquer de seconde couche. Cette consigne est valable même plusieurs années après la première application.

3. 

façade. Cette mesure n'est nécessaire que pour les murs exposés au vent dominant et régulièrement battus par les pluies. Sinon, il suffit de traiter les zones sensibles, sujettes aux projections. Ce type d'imperméabilisant s'applique sur la plupart des revêtements de façade, la pierre, les briques de terre-cuite. Procédez à un essai préalable sur des enduits traditionnels à base de chaux ou d'argile.

3. *Appliquez l'imperméabilisant à l'aide d'un pulvérisateur de jardin ou au rouleau sur la façade sèche. Travaillez de bas en haut jusqu'à saturation, mais sans repasser sur une zone déjà traitée. Les outils se nettoient au white-spirit.*

REBOUCHER UNE FISSURE SUR UN MUR EXTÉRIEUR

1. 

1. *Les fournitures nécessaires : marteau, burin, paille de fer, gants, mastic.*

Traditionnellement, une fissure sur une maçonnerie se rebouche à l'aide d'un enduit de réparation à base de ciment, gris ou blanc selon le cas. Le procédé donne d'excellents résultats. Il se révèle économique et n'exige pas de savoir-faire particulier. Son inconvénient principal est de manquer de souplesse. Les fissures étant rarement totalement inertes, il est fréquent qu'elles apparaissent de nouveau après quelques mois.

Pour obtenir un résultat durable, l'application d'un mastic élastomère est la meilleure solution. De nombreux types peuvent être utilisés, en particulier les mastics acryliques, polyuréthanes ou silicones nouvelle génération. Ces derniers, récemment apparus, offrent de nombreux avantages. Ils conservent ceux d'un silicone classique, notamment une excellente adhérence sur tous les types de support même humides, des propriétés isolantes et une très bonne résistance au vieillissement. De plus, la nouvelle génération est sans odeur et peut être peinte. Surtout, les taches et les bavures se nettoient à l'eau.

Pour des réparations localisées, préférez un mastic conditionné en cartouche

2.

3.

2. Au marteau et au burin, piquetez les lèvres de la fissure de façon à disposer de bords réguliers, d'une largeur constante. Faites tomber les débris non-adhérents et vérifiez que l'enduit n'est pas décollé.

3. Brossez soigneusement la fissure, d'abord à la paille de fer puis avec une brosse en chiendent. Si le fond est poudreux, un rinçage à l'eau peut être nécessaire.

auto-extrudable, qui ne nécessite pas le pistolet d'application classique. Ces cartouches ont un volume plus réduit (100 ou 200 ml), mieux adaptées aux petites réparations. De plus, leur canule spécifique retarde la prise en masse du mastic résiduel : ces cartouches à auto-extrusion sont effectivement réutilisables.

4. *Coupez la canule de la cartouche à la largeur souhaitée. Appliquez le mastic en fond de fissure en le repoussant avec l'extrémité de la canule. Si la fissure est profonde, procédez en deux passes. Lissez au doigt.*

Note

LECTURE DE LA FISSURE

La méthode classique pour contrôler l'évolution d'une fissure consiste à placer un témoin en plâtre, perpendiculaire à la fissure, sur lequel est inscrite la date. Il suffit ensuite d'attendre la réapparition éventuelle de la fissure et de mesurer son élargissement. Un moyen plus fiable consiste à utiliser des jauges micrométrées. Elles indiquent fidèlement les variations de dimensions de la fissure au fil du temps. Ainsi, une fissure est considérée comme stable si sa variation d'ouverture est inférieure à 2/10 de millimètre. Entre 3 et 5/10, utilisez un mastic pour la reboucher. Si les variations dépassent 5/10 de millimètre faites appel à un professionnel. Vous pourrez trouver de nombreuses informations sur ce sujet en consultant le site Internet www.jauges-saugnac.fr.

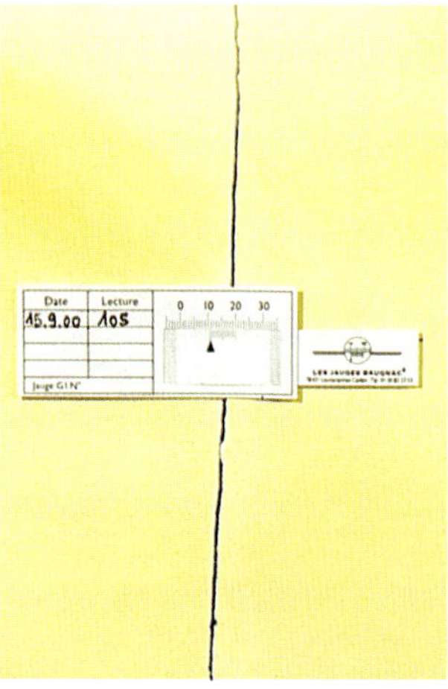

Document « Jauges SAUGNAC GI »
(Photo C. Pagava Boulez)

IMPERMÉABILISER UNE FENÊTRE

L'imperméabilisation d'une fenêtre ne se justifie que si la menuiserie elle-même est en bon état.

Elle peut aussi être envisagée comme une réparation provisoire, en attendant le remplacement de la baie. En effet, la mise en place de menuiseries isolantes est l'une des premières interventions à réaliser si vous souhaitez améliorer le confort dans votre logement et réduire votre consommation d'énergie. Des fenêtres qui laissent passer les courants d'air et équipées de vitrages simples sont de véritables gouffres énergétiques qui peuvent représenter jusqu'à 15 % des dépenses globales de chauffage. Les réparer, au moyen de joints de calfeutrage et de l'ajout d'un survitrage, est rarement une bonne solution. Leur remplacement complet, menuiserie comprise, est certainement plus efficace. Le surcoût global est limité par les économies d'énergies réalisées et les possibilités de réduction d'impôt. Renseignez-vous. Il existe aujourd'hui de nombreuses solutions de rénovation, en bois, PVC ou aluminium, avec dépose totale ou partielle de la menuiserie existante. L'offre est pléthorique. N'hésitez pas à faire jouer la concurrence et à multiplier les devis.

Pour l'imperméabilisation en elle-même, utilisez un mastic acrylique ou polyuréthane, qui présentent une très bonne élasticité et peuvent être peints. Ils sont disponibles en différents coloris, brun, blanc ou gris.

Un joint en V limite les infiltrations entre les battants et le cadre dormant.

Note

SEUIL DE PORTE

Si la pluie pénètre sous la porte d'entrée, posez un seuil en aluminium. Ce profilé présente un décrochement qui s'oppose aux infiltrations. Son installation, scellée ou vissée, impose généralement de reprendre le bas de porte pour éviter les frottements. Complétez l'intervention en posant une plinthe isolante (bourrelet, brosse ou automatique) au bas du vantail, côté intérieur, pour stopper les courants d'air.

ÉTANCHÉIFIER DES FONDATIONS

L'étanchéification des fondations par l'extérieur est le seul moyen véritablement efficace pour lutter contre les infiltrations par le sol. En effet, les produits d'imperméabilisation intérieurs ne préservent pas la maçonnerie qui demeure détrempée en permanence. Le problème peut alors se transformer en remontées capillaires et la réparation n'est jamais durable. À la première fissure, l'eau apparaît de nouveau.

Cela dit, l'étanchéification des fondations par l'extérieur est une opération particulièrement éprouvante qui impose de déblayer une masse importante de terre. La méthode classique consiste à effectuer ce terrassement à la pelle et à la pioche. Pour gagner du temps, il est possible de louer des minipelles à godet chez les loueurs en matériel de bricolage. La tranchée doit être suffisamment large pour vous permettre d'appliquer l'imperméabilisant sans gêne. Sa profondeur est égale à la hauteur des fondations à déchausser. Déposez la terre de déblai sur des bâches en plastique ou en feutre géotextile. Cela vous permettra de remettre le jardin en ordre plus rapidement.

Ces travaux sont à réaliser pendant une période de temps sec, de préférence entre la fin du printemps et le 15 août.

L'imperméabilisant est une émulsion bitumineuse à appliquer en une seule couche épaisse.

Prenez garde au calcul de quantité car le rendement est faible, de l'ordre de 1 kilogramme de produit par mètre carré traité. L'émulsion s'applique sur un support propre et sec. Au préalable, rebouchez toutes les fissures éventuelles à l'aide d'un mastic bitumeux type styrène-butadienne.

Ne cherchez pas à nettoyer les outils. Jetez-les après usage, une fois secs.

Creusez une tranchée au pied des façades d'au moins 50 cm de largeur et de la profondeur des fondations à déchausser.

Lavez au jet et à la brosse les fondations découvertes ou servez-vous d'un nettoyeur à haute pression. Laissez les murs sécher à cœur. Le séchage des murs peut prendre plusieurs jours. Juste avant l'application, humidifiez en surface à l'aide d'un pulvérisateur de jardin. Appliquez l'émulsion de bitume au rouleau en une seule couche bien épaisse, sans chercher à économiser le produit. La mise en place d'une bande plastique armée préserve la couche d'imperméabilisation de son environnement. Attendez le séchage complet de l'imperméabilisant. Débutez le remblai par une couche de drainage composée de gros graviers ou de cailloux.

STOPPER LES REMONTÉES CAPILLAIRES

Il existe plusieurs méthodes pour éliminer les remontées d'humidité à l'intérieur d'un mur dans un bâtiment existant.

LE TRAITEMENT PAR INJECTION

Le principe de mise en œuvre est comparable au traitement par gravité illustré au chapitre suivant.

Toutefois, le produit est injecté sous pression à l'aide d'un compresseur et d'un pistolet airless. Il faut donc utiliser des chevilles spéciales équipées d'un clapet antiretour. Le traitement est rapide, mais demande des précautions de mise en œuvre afin de diffuser uniformément le produit dans l'épaisseur du mur à traiter. Cette technique est à réserver à une intervention professionnelle.

LE TRAITEMENT PAR GRAVITÉ

Dans le cadre de ce procédé, l'imperméabilisant est versé dans des godets et s'écoule en quelques minutes à quelques heures dans l'épaisseur du support, en fonction de la nature de celui-ci. Le même produit peut être utilisé pour les deux techniques. Attention, il est corrosif. Il attaque les métaux et nécessite une protection

1.

1. Brossez le support à la paille de fer. Rebouchez soigneusement les fissures éventuelles. Repérez une ligne parallèle, 15 cm au-dessus du sol, la plus horizontale possible. Sur cette ligne, repérez l'emplacement des trous de perçage, tous les 15 cm. Percez les trous à l'aide d'un perforateur équipé d'un foret de 14 mm de diamètre sur lequel vous aurez repéré la profondeur à respecter à l'aide d'un adhésif. Inclinez le foret vers le bas, de 15° environ.

2.

2. Dépoussiérez soigneusement les trous. Enfoncez les pipes à fond et orientez les culottes vers le haut.

3.

4.

5.

6.

lors de l'application (gants, vêtements enveloppants).

En pratique, vous commencerez par percer une série de trous du côté extérieur, à 10-15 cm au-dessus du sol et en respectant un écartement de 15 cm environ. Ces trous sont légèrement inclinés vers le bas, selon un angle de 15° environ et mesurent les deux tiers de l'épaisseur du mur. Ils sont ensuite garnis de pipes puis d'entonnoirs dans lesquels est versé le produit, dosé en fonction de l'épaisseur du mur. Après écoulement, les pipes sont enlevées. Les trous sont rebouchés. Il faut plusieurs jours voire quelques semaines pour que la barrière étanche remplisse complètement son rôle. Et il faut attendre de 6 à 12 mois pour que le mur soit asséché. Durant toute cette période, le côté intérieur du mur sera laissé libre de tout revêtement (peinture étanche, papier peint ou autre).

Si le mur mesure plus de 40 cm d'épaisseur, le traitement sera également effectué par l'intérieur, en perçant les trous en quinconce par rapport aux précédents.

3.-4.-5.-6. *Pour empêcher le produit de dégorger, appliquez un cordon de mastic vitrier autour de la pipe.*

Pour des murs en pierre, ne traitez que les joints. S'ils sont hétérogènes, en pisé par exemple, ou s'il s'agit de double cloison, consultez une entreprise spécialisée.

Note

TRAITEMENT ÉLECTRONIQUE

Une technique récente utilise un courant électrique établi entre deux séries d'électrodes, l'une haute, l'autre basse, pour cristalliser les minéraux présents dans l'eau qui remonte par les capillaires et ainsi boucher ceux-ci. A priori, ce procédé est efficace. Il est facile à mettre en œuvre et ne dégrade pas les murs. Son coût est toutefois élevé.

7.

7. Mettez en place les entonnoirs. Si les trous ont été correctement percés, ils sont verticaux. Versez le produit dans les entonnoirs. Les graduations vous permettent de respecter le dosage préconisé par le fabricant. Attendez que le produit soit complètement absorbé par le mur. Démontez les pipes. Enlevez le mastic. Rebouchez les trous au mortier en faisant pénétrer celui-ci le plus profondément possible.

LE TRAITEMENT PAR ASSÉCHEURS

Le traitement par assécheurs est une technique simple qui n'utilise pas de produit chimique. Elle consiste à mettre en place des drains, en terre cuite ou en PVC. Ces drains permettent l'évaporation de l'humidité contenue dans le mur. Différentes longueurs de drains permettent de les adapter à toutes les épaisseurs de murs. Cette technique nécessite un contrôle annuel pour vérifier l'état des assécheurs et s'il ne sont pas obstrués. Ils sont à éviter en zone inondable et peuvent créer des ponts thermiques à l'intérieur du logement si les murs ne sont pas correctement isolés.

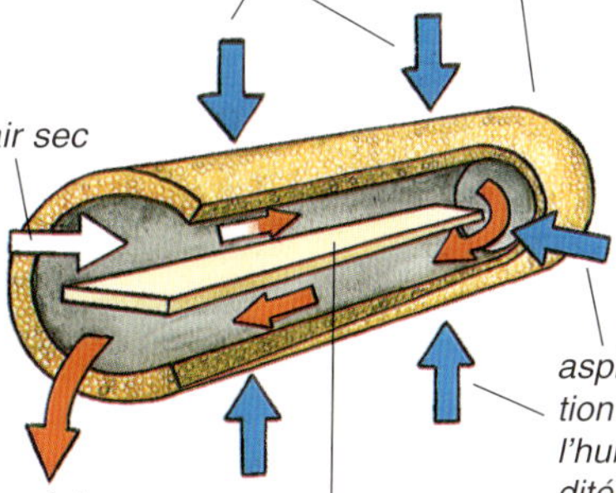

RÉALISER UN DRAINAGE

Pour arrêter les infiltrations ou les remontées capillaires au travers des murs en sous-sol, la solution idéale est le drainage.

Il faudra pour cela dégager tout autour des murs de fondation jusqu'au socle. À la pelle et à la pioche, c'est là un travail fastidieux et long. Il y a toujours la possibilité de louer une minipelleteuse très facile d'emploi et à un prix relativement raisonnable.

En tout état de cause, les murs extérieurs une fois entièrement dégagés jusqu'à la semelle, devront être parfaitement nettoyés et débarrassés de toute terre. Utiliser pour cela un nettoyeur haute pression. Laisser sécher quelques jours puis enduire le mur d'un produit bitumineux ou d'un enduit caoutchouté (latex). Appliquer le produit choisi au rouleau en deux couches croisées successives en veillant à bien laisser sécher la première.

Le drainage est une technique qui consiste à collecter les eaux d'infiltrations et les eaux « naturelles » (source) avant qu'elles ne pénètrent dans le murs en sous-sol ou qu'elles ne stagnent en périphérie de ces derniers pour les diriger vers un point d'évacuation (tout-à-l'égout ou puits perdu).

Les dessins ci-dessous et page 35 montrent le procédé de construction.

Un drainage est constitué d'un drain (tuyau en PVC percé de petits trous) et d'un système de filtre composé par des couches d'agrégats de différentes granulométries, visant à empêcher que des éléments solides (boue, sable très fin) ne viennent boucher le drain.

Le drain sera posé sur un socle de béton (hydrofuge de préférence) un peu en dessous du socle de fondation.

La pente à respecter sera de 1 cm par mètre.

Entre le point de collecte le plus haut et le point le plus bas, le drain pourra et devra descendre plus bas que le socle de fondation.

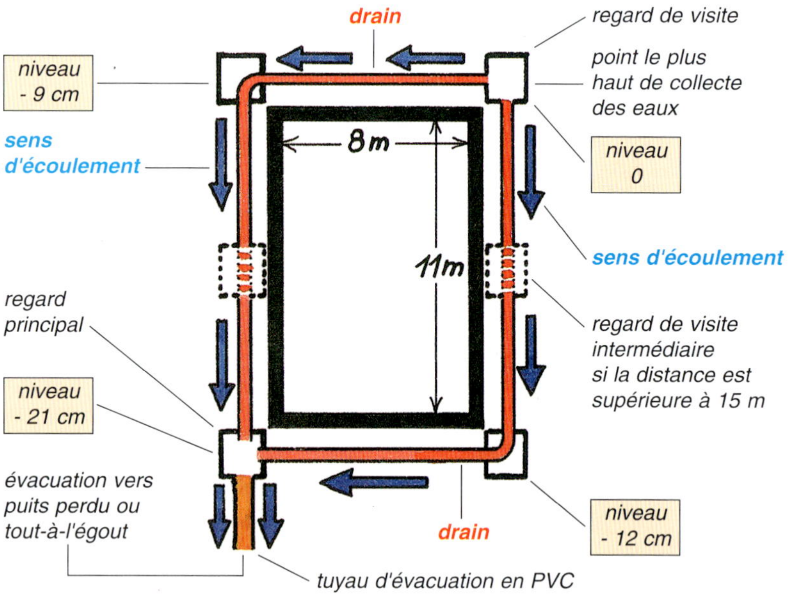

Attention

Il faudra prévoir à chaque changement de direction un regard de visite. Si la longueur de façade est importante (supérieure à 15 m, il ne faudra pas hésiter à poser des regards intermédiaires sur la partie rectiligne. Cela facilitera l'intervention en cas de bouchage du drain.

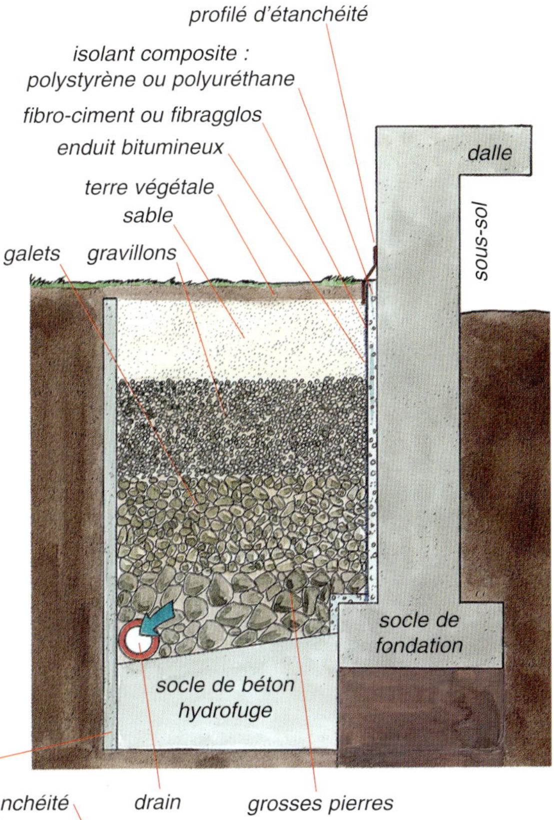

→
Schéma d'un système de drainage

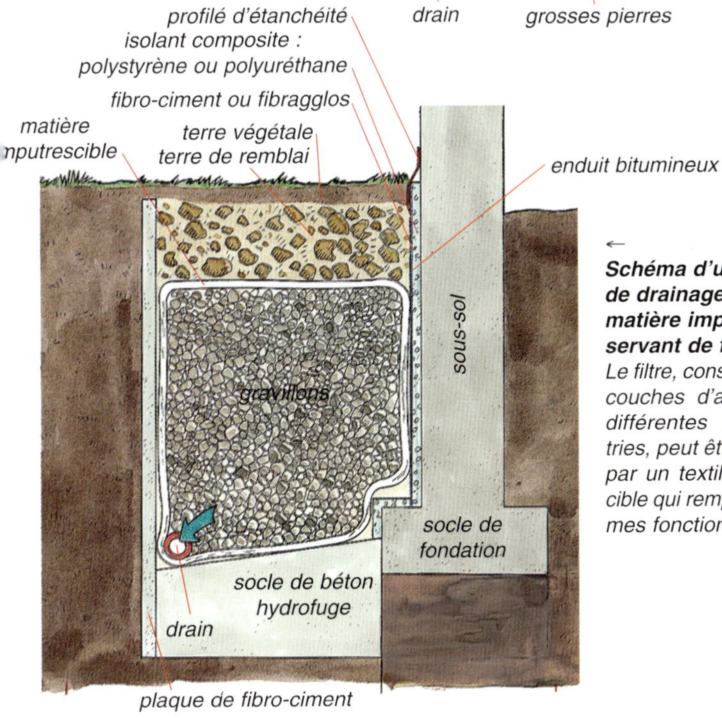

←
Schéma d'un système de drainage avec matière imputrescible servant de filtre
Le filtre, constitué par les couches d'agrégats de différentes granulométries, peut être remplacé par un textile imputrescible qui remplira les mêmes fonctions.

CAS PARTICULIER : APRÈS UNE INONDATION

Parmi les calamités météorologiques, les inondations tiennent une large place dans la colonne des faits divers. Il ne s'agit pas de traiter ici de toutes les conséquences d'une telle catastrophe, ni d'envisager tous les cas de figures, de l'inondation torrentielle aux débordements de plaine.

Après l'inondation, les occupants sont confrontés au nettoyage des dégâts et à leur estimation. De visites d'expert en réparations d'urgence, les occupations ne manquent pas. Mais contrairement aux désordres provoqués par une tempête par exemple, les conséquences d'une inondation se font sentir bien des mois après la survenue de la catastrophe. L'eau s'infiltre par tous les interstices, remplit les gaines électriques, gorge les murs et les doublages isolants. Le séchage est extrêmement long. Il est obtenu par une ventilation permanente ou l'utilisation d'absorbeurs électriques.

La première des précautions à prendre est de ne pas chercher à tout remettre en état rapidement. Les murs devront être débarrassés de tous leurs revêtements susceptibles de se dégrader ou d'empêcher les enduits de sécher, isolation comprise. En outre, dans certains cas, le retrait de l'eau s'accompagne de la modification de la structure du sol qui provoque des tassements ou des glissements de terrain à l'origine de l'apparition de fissures importantes.

Une autre caractéristique particulière aux inondations est leur risque de renouvellement. Les travaux de remise en état doivent tenir compte de ce facteur. Ainsi, le réseau électrique sera posé sous baguettes apparentes et circulera au ras du plafond. L'isolation sera réalisée derrière une contre-cloison en brique, équipée de drains en partie basse, à l'aide d'un isolant synthétique insensible à l'eau comme le polystyrène ou le polyuréthane. Évitez les équipements de chauffage électriques. Une bonne solution peut être l'installation d'un chauffage par le sol.

Quelques centimètres d'eau suffisent pour créer de gros dégâts. Le relèvement du seuil, l'installation d'une pompe dans un regard sont des éléments de prévention qui pourront être utiles à l'avenir.

REFAIRE UN JOINT D'ÉTANCHÉITÉ

Un joint d'étanchéité est indispensable autour de tous les équipements sanitaires. Outre la baignoire, cela concerne aussi la douche (receveur et parois), le lavabo, l'évier ainsi que le plan de travail à la cuisine et le plan de toilette. Autrefois à base de ciment, ce joint est désormais réalisé en matériau élastomère. Différentes techniques peuvent être mises en œuvre. Dans le cadre d'une rénovation complète de la pièce, carrelage et équipement sanitaire, vous trouverez chez les revendeurs spécialisés des profilés de finition rigides vendus en baguettes de 2,50 ou 1,83 m de longueur. Ils sont scellés dans le mortier-colle lors de la pose de la faïence murale. Pour obtenir une étanchéité sans défaut, le plus grand soin doit être apporté lors de la mise en place. Il faut aussi que le mur d'appui soit parfaitement régulier afin de ne pas créer d'espace entre le profilé et le carrelage posé.

Une seconde technique consiste à utiliser un joint souple autocollant. Vendu en rouleau, il existe en différentes largeurs, de 13 à 40 mm. Pour assurer son adhérence, le support doit être sec et parfaitement dégraissé, à l'alcool par exemple. Le procédé est efficace si le raccordement à proté-

1.

2.

3.

4.

1.-2. *À l'aide d'un cutter, découpez l'ancien joint pour en enlever la plus grande partie.*

3. *Portez des gants. Appliquez le dissolvant. Laissez agir. Frottez les dépôts avec un chiffon sec.*

4. *Dégraissez le raccordement mis à nu avec un tampon imbibé d'alcool à brûler. Laissez sécher.*

5. 

6. 

5. *Coupez l'extrémité de la canule en biais à 5 mm de diamètre environ. Appliquez le mastic le plus régulièrement possible, en le repoussant avec la pointe de la canule.*

6. *Sans tarder, lissez immédiatement le joint avec une cuillère spéciale ou l'index que vous aurez préalablement trempé dans un liquide vaisselle.*

7. 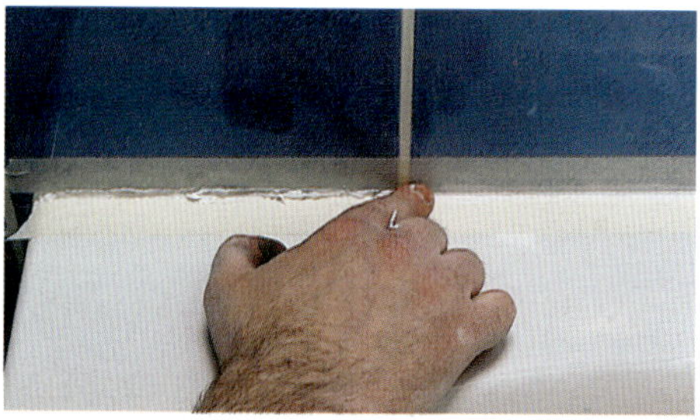

ger est régulier et s'il ne comporte pas d'angle, rentrant ou sortant. En effet, le pli nécessaire ou la découpe au cutter du joint pour couvrir ces points singuliers n'assure pas une étanchéité totale. La réalisation d'un joint souple à l'aide d'un mastic silicone ne présente pas ces inconvénients. En revanche, elle n'est pas évidente à réussir pour un débutant. Vous aurez donc tout intérêt à procéder à un essai préalable, sur des panneaux en contreplaqué assemblés à angle droit par exemple, afin de maîtriser le tour de main nécessaire pour obtenir un joint régulier. Pour faciliter la mise en œuvre, choisissez un mastic silicone nouvelle génération. Il peut être peint et surtout peut être encore lissé 15 minutes après l'application par simple vaporisation d'eau.

Attendez le lendemain avant d'utiliser à nouveau la baignoire. Si vous utilisez un mastic silicone standard, aérez largement la pièce pendant et après l'application, tant que vous sentez l'odeur de vinaigre de l'acide acétique.

7. *Pour plus de précision, afin d'obtenir un joint régulier, collez deux bandes parallèles de ruban de masquage adhésif de part et d'autre du raccordement. Laissez un espace ouvert de 5 mm environ entre les deux bandes. Après lissage retirez immédiatement les bandes de ruban de masquage. Laissez sécher.*

Note

SPÉCIAL ACRYLIQUE

Le mastic silicone adhère mal sur les surfaces synthétiques comme les équipements sanitaires acryliques. Utilisez dans ce cas un mastic adapté, de type acrylique. La technique de réalisation est identique.

CHANGER LE JOINT D'UN RACCORD VISSÉ

Le changement de joint d'un raccord est une opération simple à condition de disposer de l'équipement nécessaire et de bien respecter les étapes Pour l'outillage, il vous faut deux clés plates ou deux clés à molette d'une ouverture adaptée au diamètre des écrous. Ne vous servez pas de pinces universelles type « crocodile ». Prévoyez aussi une grande cuvette et une serpillière, les écoulements d'eau sont inévitables. Enfin, vous devez disposer du joint adapté. Si vous n'avez pas l'habitude, achetez un assortiment de joints en carton. Ne commencez pas la réparation sans être sûr de disposer du joint adéquat.

Pour éviter les inondations, il faut, au préalable, couper l'arrivée d'eau générale et vidanger le circuit le mieux possible. Pour cela, ouvrez tous les robinets de votre installation après avoir, à l'inverse, fermé le robinet général placé avant le compteur et celui qui alimente la chaudière de chauffage central ou le ballon d'eau chaude.

Pour éviter les vibrations et les claquements lors de la remise en eau du circuit, agissez avec précaution. Rouvrez le robinet d'arrêt d'un quart de tour. Refermez les robinets de service les uns après les autres, au fur

1.

2.

1. Fermez le robinet d'arrivée d'eau général, desserrez le raccord à l'aide de deux clés.

2. Enlevez tous les débris de l'ancien joint en carton et, si nécessaire, nettoyez le raccord du calcaire et de l'oxydation avec une toile émeri ou un tampon à récurer.

3. 

3. Mettez en place le nouveau joint, de même diamètre que l'ancien.

4. Serrez le raccord modérément. Vérifiez l'étanchéité après la remise en eau. Resserrez si nécessaire.

et à mesure de l'arrivée de l'eau, en commençant par ceux situés au bas de l'installation. Cela fait, ouvrez complètement le robinet général puis purgez l'installation en tirant les chasses d'eau puis en agissant successivement sur tous les autres robinets de l'installation.

Rouvrez le robinet de la chaudière ou du ballon d'eau chaude.

4. 

ÉTANCHER UNE FUITE SOUS PRESSION

Cette intervention est relativement rare dans un logement car le premier réflexe à avoir lors d'une rupture de conduite (gel, coup de bélier, etc.) est de fermer le robinet d'arrêt. Toutefois la méthode indiquée ici vous permettra d'étancher des fuites importantes et de remettre l'installation en service, en attendant de remplacer la section du réseau endommagée.

Pour une intervention d'urgence, rien n'égale le ciment prompt (Vicat) en pâte pure. Ce ciment effectue sa prise en une minute même sur un support détrempé. La méthode consiste à en préparer une bonne boulette, à l'appliquer directement sur le tuyau percé puis à le maintenir jusqu'à ce qu'il effectue sa prise. Si la fuite n'est pas totalement étanchée, renouvelez l'opération. Portez des gants. Remplacez le tuyau dès que possible.

1.

1.-2. Gâchez très rapidement 4 volumes de ciment prompt pour 1 volume d'eau afin d'obtenir une boulette souple.

Note

La prise du ciment Vicat est très rapide. Il faut donc le gâcher très rapidement. Si la prise débute avant l'application, jetez le ciment et recommencez dans un récipient propre. La prise se signale par un dégagement de chaleur et la modification de la structure du mélange qui devient granuleux.

2.

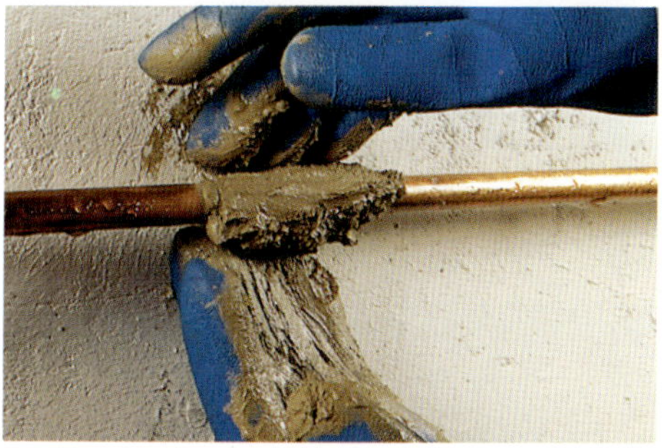
3.

4.

5.

3.-4. Appliquez immédiatement la boulette sur la fuite. Maintenez-la pendant 2 à 3 minutes.

5. La voie d'eau est étanchée dès la prise du ciment. Si ce n'est pas le cas, renouvelez l'opération.

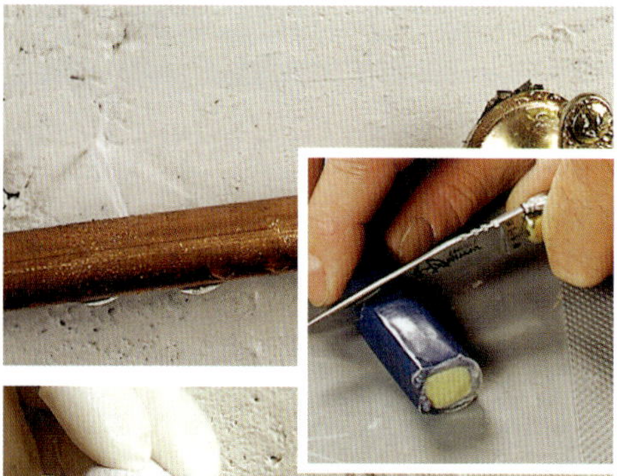
1.

2.

3.

4.

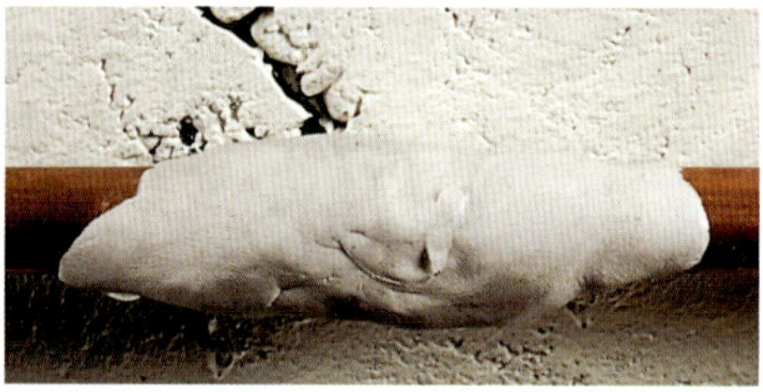

Remarque

LE POINT SUR LES MASTICS ÉPOXYDES

De nombreux fabricants proposent des pâtes de réparation miracle, capables de souder à froid, d'étancher toutes sortes de fuites ou de raccords, sous pression ou non. Il s'agit en fait de résine époxyde, un produit couramment utilisé depuis fort longtemps notamment pour réaliser des collages résistants. Le produit est généralement proposé sous la forme d'un bâtonnet cylindrique – bi-composants qu'il faut malaxer jusqu'à obtention d'une pâte homogène, avant d'être appliqué. La mise en œuvre est simple , certains produits marchent bien, d'autres beaucoup moins... ! En effet, le durcissement, annoncé en quelques minutes, peut être beaucoup plus long, surtout pour un durcissement à cœur. Veillez à bien choisir votre produit. Il existe sur le marché des produits applicables sur tous supports humides et même en milieu immergé.

1. *Coupez une longueur de mastic bi-composant. Enfilez des gants.*
2. *Malaxez le mastic jusqu'à obtenir une pâte souple, de couleur homogène.*
3. *Appliquez le mastic sur la fuite. Pressez fortement.*
4. *Maintenez le mastic durant son durcissement.*

LUTTER CONTRE LA CONDENSATION

La condensation est un phénomène naturel, qui ne prête pas en lui-même à conséquence. Les dégâts interviennent dans des situations de rupture d'équilibre entre les différents volumes qui constituent un logement et leurs interactions avec l'environnement extérieur.

REMARQUES GÉNÉRALES

À 25 °C, 1 mètre cube d'air (1 000 litres) peut contenir 20 grammes d'eau sous forme de vapeur. À 20 °C, le même volume ne peut en contenir que 17,4 grammes et seulement 4,5 grammes à 0 °C. Première constatation : l'air est plus « humide » en été qu'en hiver. Et pourtant, les dégâts provoqués par la condensation surviennent en période froide. L'explication tient à la différence de température entre l'intérieur et l'extérieur du logement. Prenons l'exemple d'une fenêtre équipée d'un simple vitrage. À l'extérieur, la température est de 0 °C et de 20 °C à l'intérieur. L'air chaud de l'intérieur se refroidit brusquement au voisinage de la vitre. Il ne peut plus contenir le même volume de vapeur d'eau. La vapeur en excès se condense. C'est le point de rosée. Des gouttelettes apparaissent sur la vitre.

— Ce phénomène apparaît à chaque fois qu'une différence de température peut être constatée. C'est lui qui génère le givre dans le réfrigérateur ou qui provoque l'apparition de moisissures sur les murs. Ceux-ci, en effet, se comportent comme la vitre de l'exemple précédent. S'ils sont plus froids que l'air ambiant, la vapeur se condense. Ainsi, au lieu de s'écouler, l'eau obtenue est absorbée par le plâtre ou le papier peint. Elle y stagne tant que les conditions ne changent pas, ce qui favorise le développement des micro-organismes.

— Si vous êtes observateur, vous aurez constaté que les problèmes d'humidité sont plus aigus en intersaison, et surtout à l'automne. En effet, pendant l'été, la maçonnerie a « baigné » dans une atmosphère pouvant contenir plus de vapeur d'eau car la température était plus élevée. Un équilibre s'est établi et la maçonnerie a absorbé une part de cette humidité ambiante. À l'automne, les températures baissent rapidement, les pluies sont fréquentes. L'air extérieur, même plus froid, est toujours saturé en humidité (brouillard, brumes). À l'intérieur, l'air est chauffé. Entre les deux, le mur se refroidit, la vapeur d'eau qu'il contient se condense. S'ajoute la vapeur d'eau de l'air intérieur. Résultat : le mur est gorgé d'eau. Il sèche progressivement lorsque la température extérieure s'abaisse et que les pluies diminuent. L'air extérieur est plus froid, donc plus sec. Il pénètre dans le logement à l'occasion des aérations. L'air intérieur, à son tour, s'assèche. Les murs peuvent alors « rendre » une part de leur humidité en excès.

— Aux phénomènes naturels, s'ajoutent les conséquences de l'activité humaine. La cuisine, la douche, le ménage (linge, lavage des sols...), certains équipements de chauffage (à catalyse notamment) et même la respiration augmentent le taux d'humidité de l'air intérieur. Cela retarde d'autant le séchage des parois et augmente la condensation. En outre, plus l'air est statique, plus le phénomène s'accentue.

En conclusion, un renouvellement d'air permanent est le seul moyen envisageable et durable qui permette de réguler le taux d'humidité contenu dans l'air et, par conséquence, de réduire la condensation. Celle-ci contenue dans des proportions acceptables, les conséquences de l'excès (moisissures, cloquages, etc.) disparaissent.

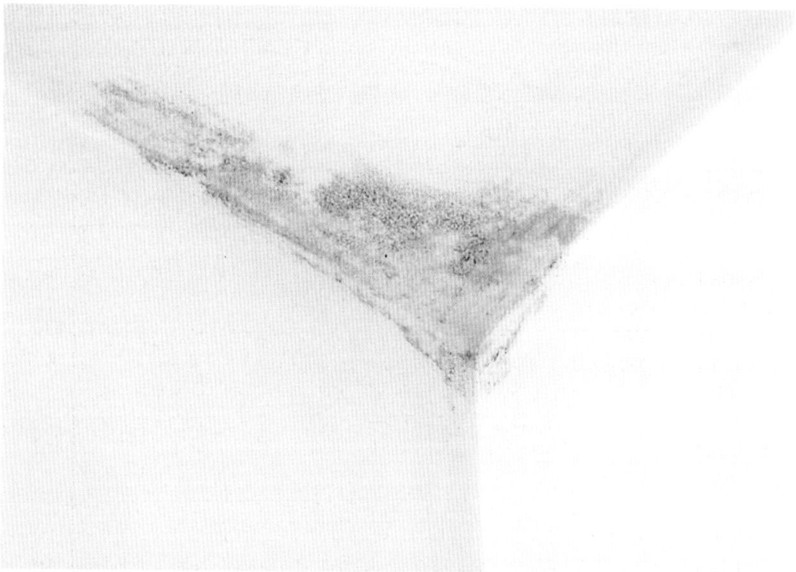

Les angles de plafond sont les premiers à présenter des signes de dégradation.

Autre exemple de moisissures apparaissant en angle de plafond.

PREMIÈRES DISPOSITIONS

Sans travaux, ou avec le minimum d'interventions, il est déjà possible de réduire sensiblement les effets de la condensation.

— Le premier réflexe consiste à aérer les locaux. Une grande aération, cinq minutes par jour, fenêtres ouvertes, est une bonne solution. La durée est suffisamment longue pour renouveler l'air intérieur et assez courte pour ne pas refroidir les murs. Si l'aération est trop réduite, le renouvellement est insuffisant. Si elle est trop longue, vous augmentez considérablement le gaspillage du chauffage.

— Deuxième règle : il ne faut jamais boucher les orifices de ventilation naturelle présents dans le logement. Au contraire, veillez à ce qu'ils soient toujours propres et qu'ils ne soient pas masqués, par du mobilier par exemple.

— Enfin, limitez les dégagements de vapeur d'eau dès leur production. Aérez la cuisine lors de la préparation des repas, la salle de bains après la douche. Remplacez le système de séchage du linge sur fil par un sèche-linge à condensation ou à évacuation directe correctement installé. Bannissez les appareils de chauffage autonomes à gaz ou à pétrole.

1.

1. Sèche-linge à évacuation directe correctement reliée à une bouche donnant sur l'extérieur.

2. Sèche-linge à condensation. Veillez à vider régulièrement son bac à eau.

2.

Note

ISOLATION INDISPENSABLE

En complément du renouvellement d'air, l'isolation performante du logement contribue sensiblement à réduire les méfaits de la condensation. Par ordre de priorité, cette isolation concerne les combles, puis les ouvertures, les murs extérieurs et enfin les planchers. Une nouvelle réglementation thermique (RT 2000) est en vigueur depuis le 1/6/2001 pour les logements construits après cette date. Ses dispositions ne sont pas obligatoires en rénovation d'habitat ancien. Elles constituent toutefois une excellente base pour envisager les travaux à réaliser.

ASSURER LE RENOUVELLEMENT DE L'AIR

La première réglementation concernant la ventilation des locaux date de 1937. Elle ne concernait que la salle de bains. Les premières notions de renouvellement de l'air sont apparues en 1958. La ventilation mécanique a été intégrée à partir de 1969 et généralisée en 1982.

UN BESOIN AU-DELÀ DU SIMPLE PROBLÈME DE CONDENSATION

Les phénomènes de condensation ne sont qu'un aspect des nécessités de ventilation des locaux.

En marge du cadre réglementaire, la constante recherche d'économies d'énergie a créé bien des déséquilibres. En abaissant la température intérieure à 19 °C, en calfeutrant les ventilations parasites par les ouvertures, l'air intérieur s'est chargé en humidité et n'a plus été suffisamment renouvelé. S'ajoutent à cela les pollutions extérieures (échappements, usines) et intérieures (fumée de cigarette, COV*, radon...). Ces désordres provoquent l'augmentation rapide de pathologies invalidantes comme les allergies respiratoires, les intoxications et de même certains cancers. Il est donc indispensable d'assurer une ventilation correcte du logement, une règle qui doit équilibrer les contraintes de santé publique et les économies d'énergie.

** COV – Composés organiques volatils.*

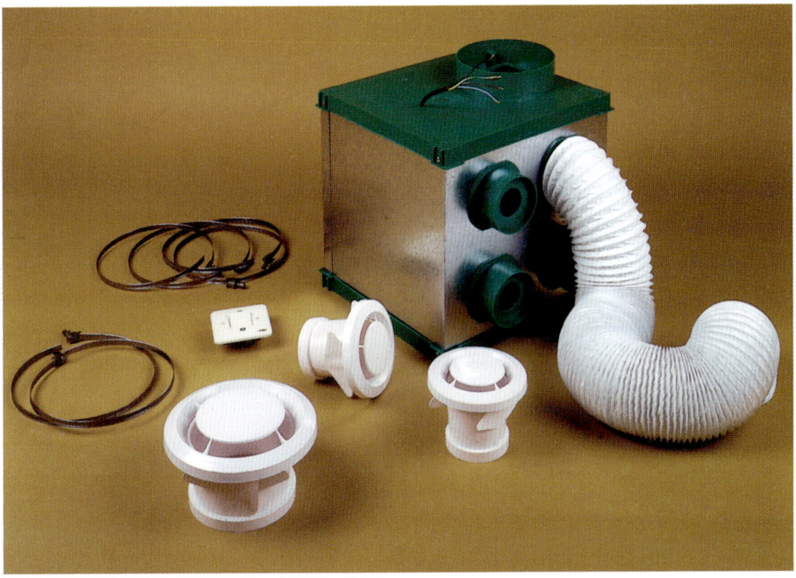

Ensemble de pièces constituant une V.M.C. (Ventilation Mécanique Contrôlée).

> **Note**
>
> ***CONDENSATION PONCTUELLE***
>
> *Il ne faut pas confondre condensation permanente et ponctuelle. Il est normal que les vitres de la salle de bains ou de la cuisine se couvrent de buée après une douche ou lors de la préparation des repas. En revanche, cette condensation doit disparaître en quelques minutes. Si ce n'est pas le cas, c'est le signe d'une mauvaise ventilation et/ou d'une isolation insuffisante.*

LES CALCULS

L'arrêté du 28/10/1983 fixe le taux de renouvellement d'air à 0,35 du volume habitable par heure, soit environ 1/3 du volume d'air contenu dans le logement. Ce renouvellement est assuré par des entrées d'air placées dans les pièces principales et des sorties installées dans les pièces humides, cuisines, WC et salle de bains. Le débit des entrées d'air doit être de 30 m^3/h dans les pièces principales de moins de 18 m^2 et le double au-delà. Pour la sortie, le débit doit être de 45 à 90 m^3/h dans la cuisine si le logement comporte 3 pièces principales, 60 à 120 m^3/h au-delà. Pour les WC et les salles d'eau, le débit est fixé entre 15 et 30 m^3/heure. Ces chiffres sont indiqués pour un renouvellement permanent de l'air, obtenu par l'installation d'une ventilation mécanique.

LES VMC

> **Note**
>
> ***SIMPLE FLUX INVERSÉ***
>
> *Un système différent de VMC simple flux consiste à inverser le principe : l'air extérieur est aspiré, filtré et éventuellement réchauffé. Il est ensuite soufflé dans les pièces. L'air vicié est alors chassé au travers des grilles d'aération par la surpression créée. Ce système n'offre guère d'avantage. Le débit important (0,7 volume par heure) peut créer une sensation de courant d'air. Il n'y a aucune économie d'énergie supplémentaire par rapport à un système standard.*

VMC est l'abréviation de Ventilation Mécanique Contrôlée. Il s'agit d'un système de renouvellement de l'air par l'intermédiaire de bouches et d'un réseau de gaines. Il en existe différents types.

LA VMC SIMPLE FLUX

La VMC simple flux se compose d'un extracteur, généralement placé dans les combles, et relié à des bouches placées dans les pièces humides. L'arrivée d'air est assurée depuis l'extérieur par des grilles indépendantes placées dans les pièces principales et souvent intégrées aux fenêtres.

Ce type d'installation équipe la quasi totalité des logements construits depuis 1982. En version de base la VMC simple flux fonctionne en permanence, avec une fonction « turbo » dans la cuisine. Plus sophistiquée, elle est équipée de bouches hygrovariables (ou hygroréglables) dont l'ouverture se modifie en fonction de l'humidité de l'air. Le débit est réduit lorsque l'air est « sec », augmenté lorsqu'il est « humide ».

LA VMC DOUBLE FLUX

La VMC double flux fonctionne dans les deux sens. L'air neuf est aspiré par un conduit généralement placé en toiture. Il passe ensuite dans un échangeur, chauffé par l'air vicié qui suit le chemin inverse. L'air neuf, filtré et réchauffé est insufflé dans les pièces principales, l'air vicié étant toujours extrait par les pièces humides. Il n'y a donc plus d'entrées d'air indépendantes. Les économies d'énergie sont importantes puisqu'il n'y a plus d'arrivées d'air froid directes. En revanche, ce type d'installation doit être prévu dès la construction car il multiplie par deux le nombre de conduits, ce qui impose la réalisation de gaines techniques.

LA VENTILATION MÉCANIQUE EN RÉNOVATION

Le gros problème que crée l'installation d'une VMC dans un logement qui en est dépourvu est le passage des conduits. Le diamètre de ceux-ci est important et la disposition des pièces permet rarement un raccordement aisé. La solution consiste donc à installer des extracteurs autonomes dans les pièces humides. Certains fabricants proposent même des kits complets composés d'un ou de plusieurs extracteurs, éventuellement hygroréglables, réglés pour fournir un débit compatible avec la réglementation et le volume du logement. Le système est parfois pompeusement baptisé « VMR » (Ventilation Mécanique Répartie). Quel que soit son nom, le procédé est efficace même s'il est relativement cher. Son installation doit être complétée par la mise en place d'entrées d'air dans les pièces principales et du détalonnement des portes afin de permettre l'établissement du flux d'air, sans risque de refoulement par les conduits de fumée.

Une autre solution, plus simple encore, mais moins efficace consiste à installer des extracteurs à fort débit conçus pour ne fonctionner que lors de l'utilisation de la pièce. Le cas le plus courant est celui de la hotte à évacuation directe placée au-dessus de la cuisinière. Il existe des extracteurs pouvant être installés dans les salles de bains. Les plus simples fonctionnent en tout ou rien via un interrupteur. Plus perfectionnés, ils disposent d'un temporisateur. Couplés à l'éclairage par exemple, ils fonctionnent encore quelque temps après l'extinction de celui-ci. Les plus perfectionnés ont un fonctionnement automatique calqué sur le taux d'humidité de l'air présent dans la pièce. Ces extracteurs sont utiles dans la salle de bains, mais sont encore chers. Alors, pour les toilettes, continuez à ouvrir la fenêtre !

Attention

Comme toute installation dans une salle d'eau, la mise en place d'un extracteur doit suivre les consignes de la réglementation électrique. Il doit être à double isolation, placé à plus de 2,25 m de fond de la baignoire ou de la douche s'il est au-dessus ou à plus de 60 cm s'il est à côté. Son raccordement électrique est impérativement encastré.

POSER UN EXTRACTEUR DANS UNE SALLE DE BAINS

Un cas d'école, l'extracteur est placé ici dans le conduit d'aération statique existant. Une adaptation est nécessaire car sa surface est égale à celle de la grille. Toutefois, cela permet d'éviter de percer le mur une nouvelle fois.

L'aérateur posé, la grille de ventilation basse peut être bouchée à condition que le bas de la porte ménage un jour de 2 cm de hauteur et que des entrées d'air équivalentes soient placées dans les pièces principales.

1. 

1. Dévissez la grille d'évacuation ou découpez-la si elle est scellée. Veillez à obtenir une ouverture aux bords réguliers.

2. 

2. Ouvrez la saignée nécessaire au raccordement électrique depuis l'interrupteur en progression verticale ou horizontale, jamais en oblique.

Note

ALIMENTATION ÉLECTRIQUE

Un extracteur à double isolation standard ou hygrovariable, est relié par deux fils, phase depuis l'interrupteur et neutre. S'il est équipé d'un temporisateur couplé à l'éclairage, il faut trois fils, phase secteur, phase interrupteur et neutre. Idem pour un extracteur hygrovariable que vous souhaitez équiper d'une marche forcée via un interrupteur. Vérifiez la faisabilité d'un tel réseau encastré avant d'acheter l'appareil.

3. *Installez la gaine électrique (câbles de 1,5 mm² de section). Bloquez-la en fond de saignée. Le raccordement de l'extracteur s'effectue par l'arrière.*

4. *Scellez la gaine électrique au plâtre ou, comme ici, avec de la mousse expansive. Découpez une pièce d'aggloméré mélaminé aux dimensions de l'ouverture. Engagez-la en force, collée par un cordon de mastic silicone.*

5. *La pièce d'agglo est percée en son centre d'un trou de conduit de 10 cm de diamètre et, sur le côté, d'un trou de 10 mm pour le passage des câbles. Fixez l'extracteur au moyen des vis fournies.*

3.

4.

5.

6.

6. *Raccordez les deux fils d'alimentation électrique sur les bornes prévues. Dans le cas d'un modèle à temporisateur, respectez le schéma de branchement.*

7.

7. *Vérifiez le fonctionnement. À l'aide d'une lampe électrique, vérifiez que les clapets anti-retour s'écartent bien lorsque le ventilateur fonctionne.*

TRAITEMENTS PONCTUELS ET PIS-ALLER

Quantité de produits, en vente dans les magasins, revendiquent des caractéristiques propres à éliminer les problèmes d'humidité. Si leurs caractéristiques techniques sont incontestables, leurs implications pratiques laissent parfois la place au doute. En effet, très souvent, ces produits ne corrigent que les effets de l'humidité et ne traitent pas les causes.

LES DÉSHUMIDIFICATEURS

Le principe d'un déshumidificateur consiste à absorber l'humidité en excès contenue dans l'air. En abaissant le taux d'humidité relative, les phénomènes de condensation sont réduits. La vapeur d'eau captée ne se dépose plus sur les parois froides. Un déshumidificateur peut être utilisé pour corriger une période d'humidité ponctuelle, en automne ou à la suite d'une inondation accidentelle. Il peut être aussi utilisé pour réguler l'humidité d'une pièce naturellement humide, comme une cave ancienne par exemple que vous souhaitez utiliser pour conserver du vin. À l'inverse, leur utilisation au long cours s'avère onéreuse et vous avez tout intérêt à traiter la cause de l'excès d'humidité grâce aux solutions indiquées dans les pages précédentes.

1.

2.

LES DÉSHUMIDIFICATEURS CHIMIQUES

Ces produits se composent d'un sac perméable contenant des cristaux hydrophiles, du chlorure de calcium dans la plupart des cas, et d'un réservoir. Les cristaux absorbent l'humidité environnante, se dissolvent et se transforment en saumure. Il existe de nombreuses variantes du principe, déclinées en fonction du volume à traiter ou de la destination (pièce, placard). L'efficacité du procédé est liée à la température ambiante. Plus celle-ci est basse, moins l'absorbeur est efficace. De plus, l'air n'étant pas brassé, il n'est pas traité de façon homogène et il peut subsister des zones humides dans la pièce où est placé l'absorbeur. En outre, la capacité d'absorption du produit n'est pas réglable. Elle est insuffisante en cas d'humidité importante et par température basse. Elle est excessive par temps chaud, en été par exemple. Enfin, compte tenu du prix de vente, cela fait cher du kilogramme de sel. La saumure récupérée attaque les métaux et peut décolorer certains revêtements.

1. Déshumidificateur chimique avec ses 2 recharges amovibles.

2. Déshumidificateur en situation dans un placard très humide.

LES DÉSHUMIDIFICATEURS ÉLECTRIQUES

Un déshumidificateur électrique fonctionne comme un réfrigérateur. L'air est aspiré, refroidit au contact d'un condenseur. La vapeur givre. Elle est récupérée dans un bac collecteur ou par un système d'évacuation directe après dégivrage. L'air traité est parfois réchauffé lorsque l'appareil assure aussi la fonction de chauffage. Un déshumidificateur électrique corrige les défauts constatés avec l'absorbeur précédent. L'air est brassé, le taux d'humidité à obtenir est réglable, le fonctionnement est automatique, avec un arrêt de sécurité lorsque le bac est plein. L'appareil reste efficace lorsque la température est basse et peut traiter de grands volumes, jusqu'à 350 m^3. Cet appareil peut ainsi être utilisé dans une véranda ou pour maintenir une atmosphère saine dans une résidence secondaire inoccupée. Leurs seuls inconvénients sont de ne pas traiter la cause de l'humidité et de coûter cher, environ 600 euros pour un appareil performant.

LES TRAITEMENTS INTÉRIEURS

Ces solutions sont envisageables, soit pour corriger un problème d'infiltration, soit pour remédier à une isolation insuffisante, lorsqu'il n'est pas possible d'intervenir par l'extérieur. Leur principal inconvénient est de ne pas protéger les maçonneries. Celles-ci restent en contact avec l'humidité ce qui peut, à la longue, affecter leur cohésion et leur stabilité, notamment dans le cas de maçonneries anciennes (pierres, moellons, pisé, pan de bois...).

ANTIMOUSSE ET ANTISALPÊTRE

Antimousse

Comme son nom l'indique, un antimousse détruit mousses et champignons, à l'origine des taches qui signalent une humidité excessive. Il suffit de pulvériser le produit et de laisser agir. Il est compatible avec tous les matériaux et n'impose pas de rinçage. Selon la zone d'application, il peut présenter une action rémanente, de quelques semaines à plusieurs mois, qui retarde la réapparition des dégâts. Car ceux-ci surviennent de nou-

1. 

1. Test de la flamme pour déterminer si le support est contaminé par des sels minéraux ou du salpêtre.

2. Pour un mur salpêtré la première opération consiste à brosser énergiquement le support.

3. L'opération suivante est l'application d'un produit spécial antisalpêtre.

2. 

veau de façon inéluctable tant que la cause n'est pas traitée.

Pour les produits antisalpêtre, il faut d'abord faire la différence entre efflorescences et salpêtre.

Efflorescences

Il s'agit de composés minéraux, dissous au contact de l'eau. Lorsque celle-ci s'évapore à la surface du mur, les minéraux cristallisent à nouveau et forment des dépôts. Le traitement consiste alors à étancher le mur par l'extérieur ou par injection. À défaut, vous pouvez appliquer un écran d'étanchéité (voir paragraphe suivant).

Le salpêtre

Le salpêtre se compose de cristaux de nitrate de potassium. Pour se développer, il lui faut de l'humidité, certaines bactéries et une température comprise entre 10 et 15 °C. Pour assurer le diagnostic, approchez la flamme d'un briquet. Si le dépôt s'enflamme, c'est du salpêtre. Sinon c'est une efflorescence. Le salpêtre se nettoie simplement à l'eau chaude, éventuellement additionnée d'un verre de vinaigre d'alcool. Les produits spécifiques proposés permettent, au mieux, de retarder sa réapparition, en détruisant les bactéries et en bouchant les pores du support. Mais n'attendez pas de miracle. Le traitement est à renouveler tous les deux ans.

3.

LES REVÊTEMENTS IMPERMÉABILISANTS

Les produits candidats sont nombreux, mais il y a peu d'élus. Tous reposent sur le même principe. Ils se présentent sous la forme d'une peinture, à appliquer en une ou deux couches, sur le support nettoyé et en bon état (fissures rebouchées). Ils se comportent comme une barrière étanche, parfois microporeuse, qui permet de disposer d'un fond suffisamment sec et cohérent pour repeindre ou tapisser. Ces produits de traitements se classent en différentes catégories selon le type de résine utilisée.

Les résines acryliques

Ce sont les produits les plus courants. On peut les comparer à des peintures en phase aqueuse légèrement améliorées.

Les résines en phase solvant

Cette catégorie utilise une autre famille de résine que précédemment, en phase solvant. Le produit est incolore et s'applique sur un support brut, sans peinture. Il pénètre quelque peu dans le support ce qui permet de corriger la porosité en surface et de durcir le fond.

Les résines époxydes

Fabriqué à partir de résines époxydiques, le kit se compose de deux pots à mélanger en parts égales. Après mélange, vous disposez d'une heure trente pour l'application. Après séchage, il forme une barrière parfaitement étanche pouvant résister à une pression de 5 bars. Cet écran est indiqué pour l'étanchéification de murs enterrés soumis à des infiltrations de nappe. En l'absence de possibilité de traitement par l'extérieur, seule cette dernière catégorie présente un intérêt. Sa résistance dans le temps est bonne, le seul risque étant la fissuration. Les autres traitements ne peuvent être utiles que si l'apparition de l'humidité est occasionnelle, sur des murs non enterrés et non exposés aux vents dominants.

LES ISOLANTS MINCES

Un isolant mince se compose d'une fine couche de polystyrène, de 5 à 10 mm, parfois revêtue d'une feuille de carton souple. À lire leur notice, ces produits sont universels. En pratique, ils ne servent quasiment à rien. En premier lieu, leur épaisseur ne permet pas d'obtenir une isolation efficace. Par comparaison, la réglementation thermique impose une épaisseur de 6 à 10 cm de polystyrène en isolation intérieure, soit 10 fois plus. Ensuite, ils ne sont pas étanches. Ils sont perméables et ne forment pas de barrière contre l'humidité. Ils se décollent aussi facilement que du papier peint. Mais, à l'inverse de celui-ci, ils sont insensibles aux dégradations causées par la moisissure.

La seule action qu'il est possible de reconnaître à ces produits est la suppression de l'effet de paroi froide. En clair, la température de surface des murs est un peu plus élevée ce qui limite sensiblement la condensation et donc retarde l'apparition des moisissures. Ils peuvent donc constituer une solution provisoire, dans le cas d'une location, ou en attendant de réaliser une isolation performante, digne de ce nom.

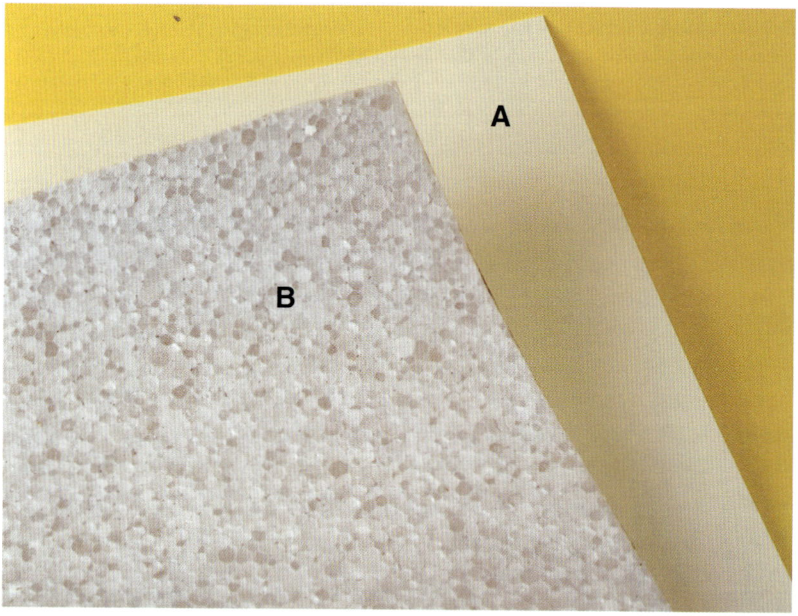

A. *Plaque d'isolant mince en polystyrène extrudé.*
B. *Isolant en polystyrène expansé mince en rouleau.*

TABLE DES MATIÈRES

Remerciements

L'auteur et l'éditeur remercient tout particulièrement toutes les personnes qui ont fort aimablement mis à disposition leur appartement ou maison pour la réalisation des photos : Jean-Claude B., Jean-Sébastien K., Pierre M., André S., Jean-Luc S. et Éric Z.

Textes :
Les textes sont de Guy LOISON sauf ceux des pages 34 et 35 qui sont de Alain THIÉBAUT.

Photos :
Les photos sont de S.A.E.P. / Alain THIÉBAUT sauf celles des pages 8 droite, 13, 16, 23, 24, 26, 27, 28, 36, 44, 45, 50, 51, 52 qui sont de Guy LOISON.

Dessins :
Les dessins des pages 34 et 35 ont été réalisés par Benoît ROTH d'après les esquisses de l'auteur ;
celui de la page 33 est de Nathalie SCHOTT d'après DRAIN POWER FILTREX (Paris).

Dépôt légal 2e trim. 2002 — n° 2671

Imprimé en U.E.